# 삼성전자

# GSAT 삼성직무적성검사

# 모의고사

| 제 1 회 | 영 역 | 수리영역, 추리영역 |
| --- | --- | --- |
| | 문항수 | 50문항 |
| | 시 간 | 60분 |
| | 비 고 | 객관식 5지선다형 |

SEOWONGAK
(주)서원각

# 제1회 GSAT 직무적성검사

✏ 수리영역(20문항 / 30분)

**1.** 甲이 가져온 소금 15g으로 10%의 소금물을 만들었다. 乙이 이것을 끓였더니 농도가 20%인 소금물이 되었다. 너무 짜서 물 15g을 더 넣었다. 몇 %의 소금물이 만들어 졌는가?

① 10%  ② 13%
③ 15%  ④ 17%
⑤ 19%

**2.** ○○가습기 A지점의 작년 한 해 동안의 전원 장치와 필터 수리 건수는 총 238건이다. 장비를 개선하여 올해의 전원 장치과 필터 수리 건수가 작년보다 각각 40%, 10%씩 감소하였다. 올해 수리 건수의 비가 5:3일 경우, 올해의 전원 장치 수리 건수는 몇 건인가?

① 102건
② 100건
③ 98건
④ 95건
⑤ 93건

**3.** 아이스링크장을 재정비하는데 갑 혼자 8시간이 걸린다. 처음부터 3시간까지는 갑과 을이 같이 청소하고, 그 이후에는 갑 혼자 3시간이 걸려 청소를 마쳤다. 다음 중 을의 작업량이 전체 작업량에서 차지하는 비율은?

① 10%  ② 15%
③ 20%  ④ 25%

**4.** 남자 탁구 선수 4명과 여자 탁구 선수 4명이 참가한 탁구 시합에서 임의로 2명씩 4개의 조를 만들 때, 남자 1명과 여자 1명으로 이루어진 조가 2개일 확률은?

① $\frac{3}{7}$  ② $\frac{18}{35}$
③ $\frac{3}{5}$  ④ $\frac{24}{35}$
⑤ $\frac{27}{35}$

**5.** 각 면에 1, 1, 1, 2, 2, 3의 숫자가 하나씩 적혀있는 정육면체 모양의 상자를 던져 윗면에 적힌 수를 읽기로 한다. 이 상자를 3번 던질 때, 첫 번째와 두 번째 나온 수의 합이 4이고 세 번째 나온 수가 홀수일 확률은?

① $\frac{5}{27}$  ② $\frac{11}{54}$
③ $\frac{2}{9}$  ④ $\frac{13}{54}$
⑤ $\frac{7}{27}$

**6.** 장 사원은 집에서 약 5 km 떨어진 은행에 가려고 한다. 장 사원이 오후 4시에 집을 출발하여 자전거를 타고 시속 12 km로 가다가 도중에 자전거가 고장 나서 시속 8 km로 뛰어갔더니 오후 4시 30분에 도착하였다. 장 사원이 자전거를 타고 간 거리는 얼마인가?

① 4 km
② 3.5km
③ 3 km
④ 2.5 km
⑤ 2 km

**7.** A 과장은 △△카페에서 미팅 약속이 있다. 사무실에서 △△카페까지 시속 4km로 걸으면 약속시간보다 10분 늦게 도착하고, 시속 10km로 자전거를 타고 가면 약속시간보다 17분 일찍 도착할 때 사무실에서 △△카페까지의 거리는?

① 2km

② 3km

③ 4km

④ 5km

⑤ 6km

**8.** 20문제가 출제된 승진시험에서 한 문제를 맞히면 3점을 얻고, 틀리면 2점을 감점한다고 한다. 예 사원이 20문제를 풀어 40점의 점수를 얻었을 때, 예 사원이 틀린 문제 수는?

① 2개      ② 3개

③ 4개      ④ 16개

⑤ 18개

**9.** 900원짜리 사과와 300원짜리 귤을 합하여 9개를 사고 4500원을 지불하였다. 이때 사과는 몇 개 샀는가?

① 1개      ② 2개

③ 3개      ④ 4개

⑤ 5개

**10.** 강대리가 농도가 20%인 소금물에서 물 60g을 증발시켜 농도가 25%인 소금물을 만든 후, 여기에 소금을 더 넣어 40%의 소금물을 만든다면 몇 g의 소금을 넣어야 하겠는가?

① 45g

② 50g

③ 55g

④ 60g

⑤ 65g

**11.** 다음은 A~E사의 연간 신상품 출시 건수에 대한 자료이다. 조사 기간 동안 출시 건수가 가장 많은 회사와 세 번째로 많은 회사의 2018년 대비 2019년의 증감률을 차례대로 바르게 적은 것은?

|  | A사 | B사 | C사 | D사 | E사 |
|---|---|---|---|---|---|
| 2016 | 23 | 79 | 44 | 27 | 20 |
| 2017 | 47 | 82 | 45 | 30 | 19 |
| 2018 | 72 | 121 | 61 | 37 | 19 |
| 2019 | 127 | 118 | 80 | 49 | 20 |

① 2.48%, 31.15%

② -2.38%, 30.15%

③ -2.48%, 31.15%

④ 2.38%, 30.15%

⑤ 2.44%, 30.05%

**12.** 다음은 가구 월평균 가계지출액과 오락문화비를 나타낸 자료이다. 이에 대한 설명으로 옳지 않은 것은?

가구 월평균 가계지출액과 오락문화비

(단위 : 원)

|  | 2014 | 2015 | 2016 | 2017 | 2018 |
|---|---|---|---|---|---|
| 가계지출액 | 2,901,814 | 2,886,649 | 2,857,967 | 3,316,143 | 3,326,764 |
| 오락문화비 | 126,351 | 128,260 | 129,494 | 174,693 | 191,772 |

※ 문화여가지출률=(가구 월평균 오락문화비÷가구 월평균 가계지출액)×100

① 2015년 가계지출액 대비 오락문화비는 4.5%에 미치지 않는다.

② 문화여가지출률은 2018년에 가장 높다.

③ 2017년 오락문화비는 전년보다 46,000원 증가했다.

④ 2015년과 2016년에는 전년대비 가계지출액이 감소했다.

⑤ 가계지출액과 달리 오락문화비는 비교 기간 동안 매년 증가했다.

【13~14】 제주도의 수출에 대한 다음 자료를 보고 이어지는 물음에 답하시오.

**〈연도별 수출 실적〉**

(단위 : 천 달러, %)

| 구분 | 2019년 | 2020년 |
|---|---|---|
| 합계 | 128,994 | 155,292 |
| 1차 산품 | 68,685 | 61,401 |
| 농산물 | 24,530 | 21,441 |
| 수산물 | 41,996 | 38,555 |
| 축산물 | 2,159 | 1,405 |
| 공산품 | 60,309 | 93,891 |

**〈부문별 수출 실적〉**

(단위 : 천 달러, %)

| 구분 | | 농산물 | 수산물 | 축산물 | 공산품 |
|---|---|---|---|---|---|
| 2016년 | 금액 | 27,895 | 50,868 | 1,587 | 22,935 |
| | 비중 | 27.0 | 49.2 | 1.5 | 22.2 |
| 2017년 | 금액 | 23,905 | 41,088 | 1,086 | 40,336 |
| | 비중 | 22.5 | 38.6 | 1.0 | 37.9 |
| 2018년 | 금액 | 21,430 | 38,974 | 1,366 | 59,298 |
| | 비중 | 17.7 | 32.2 | 1.1 | 49.0 |
| 2019년 | 금액 | 24,530 | 41,996 | 2,159 | 60,309 |
| | 비중 | 19.0 | 32.6 | 1.7 | 46.7 |
| 2020년 | 금액 | 21,441 | 38,555 | 1,405 | 93,891 |
| | 비중 | 13.8 | 24.8 | 0.9 | 60.5 |

**13.** 위의 자료에 대한 설명으로 옳지 않은 것은?

① 2019년과 2020년의 수산물 수출실적은 1차 산품에서 60%이상의 비중을 차지한다.

② 2016년~2020년 기간 동안 수출실적의 증감 추이는 농산물과 수산물이 동일하다.

③ 2016년~2020년 기간 동안 농산물, 수산물, 축산물, 공산품의 수출실적 순위는 매년 동일하다.

④ 비교 기간 동안 전체 수출실적은 매년 꾸준히 증가하였다.

⑤ 비교 기간 동안 꾸준한 증가추세를 보이는 것은 공산품뿐이다.

**14.** 다음 중 2016년 대비 2020년의 수출실적 감소율이 가장 큰 1차 산품과 가장 작은 1차 산품을 순서대로 나열한 것은?

① 농산물, 수산물
② 축산물, 농산물
③ 수산물, 축산물
④ 수산물, 농산물
⑤ 축산물, 수산물

**15.** 다음은 A 자치구가 관리하는 전체 13개 문화재 보수공사 추진현황을 정리한 자료이다. 이에 대한 설명 중 옳은 것은?

(단위 : 백만 원)

| 문화재 번호 | 공사내용 | 사업비 | | | | 공사기간 | 공정 |
|---|---|---|---|---|---|---|---|
| | | 국비 | 시비 | 구비 | 합계 | | |
| 1 | 정전 동문보수 | 700 | 300 | 0 | 1,000 | 2008. 1. 3 ~2008. 2.15 | 공사 완료 |
| 2 | 본당 구조보강 | 0 | 1,106 | 445 | 1,551 | 2006.12.16 ~2008.10.31 | 공사 완료 |
| 3 | 별당 해체보수 | 0 | 256 | 110 | 366 | 2007.12.28 ~2008.11.26 | 공사 중 |
| 4 | 마감공사 | 0 | 281 | 49 | 330 | 2008. 3. 4 ~2008.11.28 | 공사 중 |
| 5 | 담장보수 | 0 | 100 | 0 | 100 | 2008. 8.11 ~2008.12.18 | 공사 중 |
| 6 | 관리실 신축 | 0 | 82 | 0 | 82 | 계획 중 | |
| 7 | 대문 및 내부 담장공사 | 17 | 8 | 0 | 25 | 2008.11.17 ~2008.12.27 | 공사 중 |
| 8 | 행랑채 해체보수 | 45 | 45 | 0 | 90 | 2008.11.21 ~2009. 6.19 | 공사 중 |
| 9 | 벽면보수 | 0 | 230 | 0 | 230 | 2008.11.10 ~2009. 9. 6 | 공사 중 |
| 10 | 방염공사 | 9 | 9 | 0 | 18 | 2008.11.23 ~2008.12.24 | 공사 중 |
| 11 | 소방·전기 공사 | 0 | 170 | 30 | 200 | 계획 중 | |
| 12 | 경관조명 설치 | 44 | 44 | 0 | 88 | 계획 중 | |
| 13 | 단청보수 | 67 | 29 | 0 | 96 | 계획 중 | |

※ 공사는 제시된 공사기간에 맞추어 완료하는 것으로 가정함.

① 이 표가 작성된 시점은 2008년 11월 10일 이전이다.

② 전체 사업비 중 시비와 구비의 합은 전체 사업비의 절반 이하이다.

③ 사업비의 80% 이상을 시비로 충당하는 문화재 수는 전체의 50% 이상이다.

④ 국비를 지원 받지 못하는 문화재 수는 구비를 지원 받지 못하는 문화재 수보다 적다.

⑤ 공사 중인 문화재사업비 합은 공사완료된 문화재사업비 합의 50% 이상이다.

**16.** 다음은 대중교통 이용자 중 주요도시별 1주간 평균 대중교통 이용횟수를 조사한 자료이다. 이를 바르게 해석한 것은?

주요도시별 1주간 평균 대중교통 이용횟수

(단위 : %)

|  | 1회~5회 | 6회~10회 | 11회~15회 | 16회~20회 | 21회 이상 |
|---|---|---|---|---|---|
| 서울 | 27.2 | 38.1 | 18.8 | 7.5 | 8.5 |
| 부산 | 33.5 | 37.7 | 17.7 | 6.3 | 4.9 |
| 인천 | 38.8 | 36.4 | 13.5 | 5.1 | 6.3 |
| 대구 | 37.5 | 37.7 | 14.7 | 5.2 | 4.9 |
| 광주 | 39.0 | 40.7 | 14.0 | 3.9 | 2.4 |
| 대전 | 43.7 | 33.4 | 14.5 | 3.5 | 4.9 |

① 모든 지역에서 1주간 평균 6~10회 이용한 사람이 가장 많다.

② 대구, 광주, 대전에서 1주간 평균 11~15회 이용하는 사람이 1,000명 이상 차이나지 않는다.

③ 1주 동안 21회 이상 대중교통을 이용하는 사람의 비중이 가장 큰 곳은 서울이다.

④ 서울에서 1주간 대중교통을 16회 이상 사용하는 사람이 11회~15회 사용하는 사람보다 많다.

⑤ 광주에서 1주간 대중교통을 11~15회 이용한 사람이 서울에서 1주간 대중교통을 21회 이상 이용한 사람보다 많다.

**┃17~18┃** 다음은 2011년부터 2018년까지 전국 교통안전시설 설치현황에 관한 자료이다. 다음 물음에 답하시오.

(단위 : 천 개)

| 연도 | 안전표지 |  |  |  |  | 신호등 |  |  |
|---|---|---|---|---|---|---|---|---|
|  | 주의 | 규제 | 지시 | 보조 | 계 | 차신호등 | 보행등 | 계 |
| 2011 | 140 | 140 | 100 | 85 | 465 | 82 | 45 | 127 |
| 2012 | 160 | 160 | 110 | 100 | 530 | 95 | 50 | 145 |
| 2013 | 175 | 190 | 130 | 135 | 630 | 110 | 48 | 158 |
| 2014 | 190 | 200 | 140 | 130 | 660 | 115 | 55 | 170 |
| 2015 | 205 | 220 | 150 | 140 | 715 | 160 | 70 | 230 |
| 2016 | 230 | 230 | 165 | 135 | 760 | 195 | 80 | 275 |
| 2017 | 240 | 240 | 175 | 145 | 800 | 245 | 87 | 332 |
| 2018 | 245 | 250 | 165 | 150 | 810 | 270 | 95 | 365 |

**17.** 2013년 대비 2018년 안전표지 설치 중 증가율이 가장 높은 것은?

① 주의표지   ② 규제표지

③ 지시표지   ④ 보조표지

⑤ 알 수 없다.

**18.** 2018년 안전표지 중 주의와 규제표지의 합이 차지하는 비중은 얼마인가?

① 약 50%   ② 약 55%

③ 약 60%   ④ 약 65%

⑤ 약 70%

**19.** 다음의 투자안 A와 B의 투자 조건을 보고 매출량과 매출이익을 해석한 것으로 옳은 것은?

| 투자안 | 판매단가(원/개) | 고정비(원) | 변동비(원/개) |
|---|---|---|---|
| A | 2 | 20,000 | 1.5 |
| B | 2 | 60,000 | 1.0 |

1) 매출액＝판매단가×매출량(개)

2) 매출원가＝고정비＋(변동비×매출량(개))

3) 매출이익＝매출액－매출원가

① 매출량 증가폭 대비 매출이익의 증가폭은 투자안 A가 투자안 B보다 항상 작다.

② 매출량 증가폭 대비 매출이익의 증가폭은 투자안 A가 투자안 B보다 항상 크다.

③ 매출량 증가폭 대비 매출이익의 증가폭은 투자안 A와 투자안 B가 항상 같다.

④ 매출이익이 0이 되는 매출량은 투자안 A가 투자안 B보다 많다.

⑤ 매출이익이 0이 되는 매출량은 투자안 A가 투자안 B가 같다.

**20.** 다음은 종목별 자격시험 현황에 관한 자료이다. 주어진 자료에 대한 설명으로 옳지 않은 것은?

〈2018년 종목별 자격시험 현황〉

(단위 : 명, %)

|  | 필기접수 | 필기응시 | 필기합격 | 필기합격률 | 실기접수 | 실기응시 | 실기합격 |
|---|---|---|---|---|---|---|---|
| 계 | 2,487,769 | 1,993,273 | 875,145 | 43.9 | 1,694,058 | 1,493,474 | 665,900 |
| 기술사 | 23,450 | 19,327 | 2,056 | 10.6 | 3,184 | 3,173 | 1,919 |
| 기능장 | 24,533 | 21,651 | 9,903 | 45.7 | 17,661 | 16,390 | 4,862 |
| 기사 | 476,572 | 345,833 | 135,170 | 39.1 | 247,097 | 210,000 | 89,380 |
| 산업기사 | 274,220 | 210,814 | 78,209 | 37.1 | 119,178 | 101,949 | 49,993 |
| 기능사 | 1,091,646 | 916,224 | 423,269 | 46.2 | 828,704 | 752,202 | 380,198 |

① 기능사 필기응시 인원이 전체 필기응시 인원의 50%에 못 미친다.
② 필기 접수자 중 기사 자격시험의 접수자가 가장 많다.
③ 필기시험 접수자 중에서 필기 미응시 인원은 기능사가 가장 많다.
④ 필기응시 인원이 가장 적은 시험이 실기 미응시 인원도 가장 적다.
⑤ 필기 합격인원이 가장 많은 시험이 합격률도 높다.

✎ 추리영역(30문항 / 30분)

▌21~23▌ 다음 짝지어진 단어 사이의 관계가 나머지와 다른 하나를 고르시오.

**21.**
① 음료-커피-주스
② 계절-가을-봄
③ 빵-크루아상-단팥빵
④ 일본-교토-나고야
⑤ 동물-포유류-사과

**22.**
① 공부-연구        ② 지원-자원
③ 시조-원조        ④ 끼니-식사
⑤ 사양-거절

**23.**
① 연필-자루        ② 호랑이-마리
③ 실-타래          ④ 북어-축
⑤ 고등어-손

▌24~25▌ 제시된 단어와 같은 관계가 되도록 빈칸에 적절한 단어를 고르시오.

**24.**

| 공성신퇴 : 일겸사익 = 일반지은 : (        ) |
|---|

① 구로지은
② 일일삼추
③ 백중지세
④ 삼생가약
⑤ 삼순구식

5

## 25.

| 황순원 : 소나기 = 이상 : (      ) |
| --- |

① B사감과 러브레터

② 소설가 구보씨의 일일

③ 봉별기

④ 병신과 머저리

⑤ 감자

**▌26~28▐ 다음의 사실이 전부 참일 때 항상 참인 것을 고르시오.**

## 26.

• 꿈이 있는 자는 좌절하지 않는다.
• 모든 사람이 대학생은 아니다.
• 꿈이 없는 대학생은 없다.

① 대학생은 좌절하지 않는다.

② 꿈이 없는 사람은 없다.

③ 좌절하지 않는 모든 사람은 대학생이다.

④ 꿈이 없는 어떤 대학생이 있다.

⑤ 좌절하지 않는 대학생은 꿈이 없다.

## 27.

• 비가 오는 날이면 갑돌이는 갑순이를 생각한다.
• 비가 오는 날이면 길동이도 갑순이를 생각한다.

① 갑돌이와 갑순이는 비가 오는 날 헤어졌다.

② 비가 오는 날이면 갑순이를 생각하는 사람이 있다.

③ 길동이는 비가 오는 날에만 갑순이를 만난다.

④ 갑순이는 갑돌이와 길동이의 첫사랑이다.

⑤ 비가 오는 날이면 갑돌이를 생각하는 사람이 있다.

## 28.

• 비가 오는 날은 복도가 더럽다.
• 복도가 더러우면 운동장이 조용하다.
• 운동장이 조용한 날은 축구부의 훈련이 없다.
• 오늘은 운동장이 조용하지 않다.

① 어제는 비가 오지 않았다.

② 오늘은 복도가 더럽지 않다.

③ 오늘은 오후에 비가 올 예정이다.

④ 오늘은 축구부의 훈련이 없다.

⑤ 축구부 훈련이 없는 날은 운동장이 조용하다.

## 29.
A학교의 국어과, 수학과, 체육과, 영어과에는 이 선생, 최 선생, 정 선생, 강 선생이 근무한다. 다음 조건을 참고할 때, 최 선생은 어느 과인가? (네 사람은 각각 1명씩 네 개 교과의 선생님이다.)

• 이 선생는 체육과와 영어과 중 하나의 교과 담당이다.
• 최 선생는 수학과가 아니다.
• 정 선생와 강 선생는 국어과와 체육과가 아니다.

① 국어과                    ② 수학과

③ 영어과                    ④ 체육과

⑤ 수학과 혹은 체육과

## 30.
다음의 조건을 참고할 때, 세 번째에 앉아있는 사람은?

〈조건〉
㉠ 갑, 을, 병, 정, 무는 한 줄에 앉아있다.
㉡ 병 뒤에 한 명 이상이 앉아있다.
㉢ 을 바로 앞에 한 명이 앉아있다.
㉣ 을은 정의 앞쪽에 앉아있다.
㉤ 정은 가장 마지막에 앉아있다.
㉥ 갑은 병의 앞쪽에 앉아있다.
㉦ 무는 병의 뒤쪽에 앉아있다.

① 갑                    ② 을

③ 정                    ④ 병

⑤ 무

## 31.

전제1 : 피아노를 잘 치는 사람은 노래를 잘한다.
전제2 : _____
결론 : 권이는 노래를 잘한다.

① 권이는 피아노를 잘 친다.
② 권이는 피아노를 배운다.
③ 원이는 권이와 피아노를 친다.
④ 원이는 권이 보다 피아노를 잘 친다.
⑤ 권이는 피아노를 배운 적이 없다.

## 32.

전제1 : A는 B의 어머니다.
전제2 : C는 D의 어머니다.
전제3 : _____
결론 : C는 B의 조모다.

① A와 C는 부부이다.
② D와 B는 사촌지간이다.
③ A와 C는 가족이 아니다.
④ D는 B의 아버지다.
⑤ B는 A의 딸이다.

## 33.

전제1 : 우택이는 영민이보다 키가 크다.
전제2 : _____
결론 : 우택이가 세 사람 중 가장 키가 크다.

① 우택이보다 키가 큰 친구도 있다.
② 대현이는 영민이보다 키가 작다.
③ 반에서 우택이의 키가 가장 작다.
④ 영민이는 반에서 키가 제일 크다.
⑤ 도현이는 영민이보다 키가 크다.

## 34.

전제1 : 장미를 좋아하는 사람은 감성적이다.
전제2 : _____
결론 : 장미를 좋아하는 사람은 노란색을 좋아한다.

① 노란색을 좋아하는 사람은 감성적이다.
② 감성적인 사람은 노란색을 좋아한다.
③ 감성적인 사람은 튤립을 좋아한다.
④ 노란색을 좋아하는 사람은 튤립을 좋아한다.
⑤ 감성을 대표하는 색이 있다.

## 35. 다음 조건을 읽고 옳은 것을 고르시오.

• 갑, 을, 병, 정은 각각 박물관, 대형마트, 영화관, 병원 중한 곳에 갔다.
• 정은 영화관에 갔다.
• 병은 대형마트에 가지 않았다.
• 갑은 병원에 가지 않았다.
• 을은 박물관과 병원에 가지 않았다.

A : 정은 박물관에 갔다.
B : 갑은 대형마트에 갔다.

① A만 옳다.
② B만 옳다.
③ A와 B 모두 옳다.
④ A와 B 모두 그르다.
⑤ A와 B 모두 옳은지 그른지 알 수 없다.

## 36. 다음의 말이 전부 진실일 때 항상 거짓인 것을 고르시오.

• 석우는 3년 전에 24살이었다.
• 강준은 현재 2년 전 석우의 나이와 같다.
• 유나의 2년 전 나이는 현재 석우의 누나 나이와 같다.
• 선호는 석우의 누나와 동갑이다.

① 석우, 강준, 유나, 선호 중 강준이 가장 어리다.
② 석우는 현재 27살이다.
③ 선호는 유나와 2살 차이다.
④ 석우의 누나는 30살이다.
⑤ 유나의 나이가 가장 많다.

**37.** 가영, 나리, 다솜, 라임, 마야, 바울, 사랑 7명은 구슬치기를 하기 위해 모였다. 다음 조건에 따라 각각의 사람이 구슬을 가지고 있을 때, 다음 중 반드시 거짓인 것은?

- 다솜이 가지고 있는 구슬의 수는 마야, 바울, 사랑이 가지고 있는 구슬의 합보다 많다.
- 마야와 바울이 가지고 있는 구슬의 합은 사랑이 가지고 있는 구슬의 수와 같다.
- 바울이 가지고 있는 구슬의 수는 가영과 라임이 가지고 있는 구슬의 합보다 많다.
- 나리는 가영보다 구슬을 적게 가지고 있다.
- 가영과 라임이 가지고 있는 구슬의 수는 같다.
- 마야와 바울이 가지고 있는 구슬의 수는 같다.

① 사랑이 가지고 있는 구슬의 수는 바울이 가지고 있는 구슬의 수보다 더 많다.
② 가영이 가지고 있는 구슬의 수는 나리와 라임이 가지고 있는 구슬의 합보다 더 적다.
③ 사랑이 가지고 있는 구슬의 수는 가영, 라임, 마야가 가지고 있는 구슬의 합보다 더 적다.
④ 바울이 가지고 있는 구슬의 수는 가영, 나리, 라임이 가지고 있는 구슬의 합보다 더 많다.
⑤ 다솜이 가지고 있는 구슬의 수는 가영, 나리, 라임, 마야가 가지고 있는 구슬의 합보다 더 많다.

**38.** S사 사원 A, B, C, D, E, F, G 7명은 일요일부터 토요일까지 일주일에 1명씩 자재구매를 실시한다. 아래의 조건을 만족시키고, A가 월요일에 구매를 한다면, 다음 중 항상 거짓인 것은 무엇인가?

- C는 화요일에 구매한다.
- B 또는 F는 D가 구매한 다음 날 구매를 한다.
- G는 A가 구매한 다음날 구매할 수 없다.
- E는 B가 구매한 다음날 구매한다.

① G는 일요일에 구매할 수 있다.
② E가 토요일에 구매를 하면 G는 일요일에만 구매를 한다.
③ F가 일요일에 구매를 하면 G는 토요일에 구매를 한다.
④ D는 수, 목, 금 중에 구매를 한다.
⑤ F는 D보다 먼저 구매를 한다.

**39.** 김 과장은 오늘 아침 조기 축구 시합에 나갔다. 그런데 김 과장을 모르는 어떤 신입사원이 김 과장에게 급히 전할 서류가 있어 축구 시합장을 찾았다. 시합은 시작되었고, 김 과장이 선수로 뛰고 있는 것은 분명하다. 제시된 조건을 토대로 신입사원이 김 과장을 찾기 위해 추측한 내용 중 반드시 참인 것은?

- A팀은 검정색 상의를, B팀은 흰색 상의를 입고 있다.
- 양 팀에서 안경을 쓴 사람은 모두 수비수다.
- 양 팀에서 축구화를 신고 있는 사람은 모두 안경을 쓰고 있다.

① 만약 김 과장이 A팀의 공격수라면 흰색 상의를 입고 있거나 축구화를 신고 있다.
② 만약 김 과장이 B팀의 공격수라면 축구화를 신고 있다.
③ 만약 김 과장이 검정색 상의를 입고 있다면 안경을 쓰고 있다.
④ 만약 김 과장이 A팀의 수비수라면 검정색 상의를 입고 있으며 안경도 쓰고 있다.
⑤ 만약 김 과장이 공격수라면 안경을 쓰고 있다.

**40.** 다음 추론에서 밑줄 친 곳에 들어갈 문장으로 가장 적절한 것은?

- 사색은 진정한 의미에서 예술이다.
- 예술은 인간의 삶을 풍요롭게 만든다.
- 그러므로 _____

① 사색과 예술은 진정한 의미에서 차이가 있다.
② 사색은 인간의 삶을 풍요롭게 만든다.
③ 예술가가 되려면 사색을 많이 해야 한다.
④ 사색은 예술이 태어나는 모태가 된다.
⑤ 인간의 삶은 풍요롭게 만들기는 어렵다.

**41.** 다음의 조건이 모두 참일 때, 선우의 집과 미용실의 위치로 바르게 짝지어진 것은?

> ㉠ 진영, 선우, 세영이는 각각 마포, 용산, 신촌 중 각각 한 곳에 거주한다.
> ㉡ 진영, 선우, 세영이는 각각 마포, 용산, 신촌 중 각각 한 곳에 미용실을 다닌다.
> ㉢ 진영, 선우, 세영이는 모두 자신의 거주지와 미용실의 위치가 다르다.
> ㉣ 진영이는 지금 세영이의 미용실이 위치한 곳에 거주한다.
> ㉤ 세영이는 마포에 거주하지 않는다.
> ㉥ 세영이와 선우는 용산에 거주하지 않는다.
> ㉦ 진영이의 미용실이 위치한 곳은 마포이다.

|   | 집 | 미용실 |
|---|---|---|
| ① | 용산 | 신촌 |
| ② | 신촌 | 용산 |
| ③ | 신촌 | 마포 |
| ④ | 마포 | 용산 |
| ⑤ | 마포 | 신촌 |

**42.** A, B, C, D 총 4명이 프리젠테이션을 하고 있다. 다음 조건이라면 가장 먼저 발표를 하는 사람은 누구인가?

> • A는 B보다 먼저 한다.
> • C는 D보다 먼저 한다.
> • D는 A보다 먼저 한다.

① A          ② B

③ C          ④ D

⑤ 알 수 없다.

**43.** 제시된 조건을 읽고, 다음 중 항상 옳지 않은 것은?

> • 신입사원 A, B, C, D, E, F, G는 인사부, 총무부, 관리부에 배치된다.
> • 신입사원이 배치되지 않는 부서는 없다.
> • C는 인사부에 배치되지 않는다.
> • 관리부에는 신입사원 중 한 사람만 배치된다.
> • F와 G는 함께 배치되는데, 인사부에는 배치되지 않는다.
> • 인사부에는 신입사원 중 두 사람이 배치된다.
> • A, B, C가 배치되는 부서는 모두 다르다.

① 총무부에 배치되는 신입사원은 4명이다.

② 배치되는 부서가 확실히 결정되는 사람은 한 사람뿐이다.

③ A와 F는 배치되는 부서가 서로 다르다.

④ E와 G는 배치되는 부서가 서로 같다.

⑤ C와 E는 총무부에 배치될 수 있다.

**❚44~45❚** 다음 '?'에 들어갈 도형으로 알맞은 것은?

**44.**

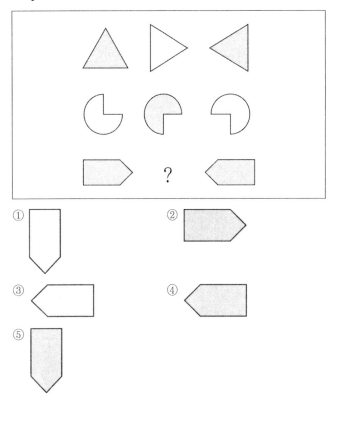

## 45.

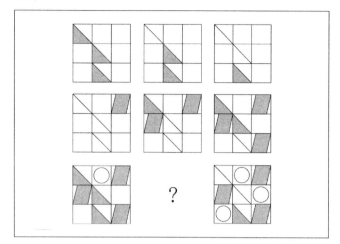

①
②
③
④
⑤

▌46~50 ▌ 다음 제시된 도식 기호들(◎, ☆, ♥)은 일정한 규칙에 따라 문자들을 변화시킨다. 괄호 안에 들어갈 알맞은 문자를 고르시오.

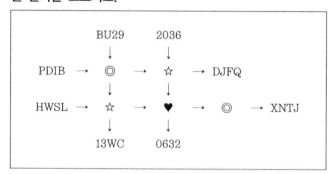

## 46.

$$STCO → ♥ → ◎ → (\quad)$$

① CSTO
② DUUQ
③ QUUD
④ STOC
⑤ HNTQ

## 47.

$$ZMAY → ◎ → ☆ → (\quad)$$

① AZMY
② YAMZ
③ ABOA
④ AOBA
⑤ AYZM

## 48.

$$TEAB → ☆ → ♥ → (\quad)$$

① ATEB
② TEAB
③ BAET
④ EBAT
⑤ AETB

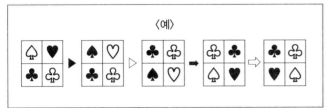

**49.**

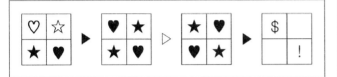

① ★  ♡

② ☆  ★

③ ★  ☆

④ ☆  ♥

⑤ ★  ★

**50.**

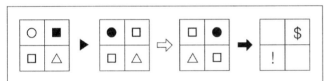

① ○  ▲

② ■  ○

③ ○  ■

④ ○  △

⑤ ■  △

# 삼성전자

## GSAT 삼성직무적성검사

## 모의고사

| 제 2 회 | 영 역 | 수리영역, 추리영역 |
|---|---|---|
| | 문항수 | 50문항 |
| | 시 간 | 60분 |
| | 비 고 | 객관식 5지선다형 |

# 제 2 회 GSAT 직무적성검사

문항수 : 50문항
시 간 : 60분

---

✐ 수리영역(20문항 / 30분)

**1.** 전교생이 1,000명인 어느 학교에서 안경 낀 학생 수를 조사하였다. 안경 낀 학생은 안경을 끼지 않은 학생보다 300명이 적었다. 안경 낀 남학생은 안경 낀 여학생의 1.5배이었다면 안경 낀 여학생은 몇 명인가?

① 100명

② 110명

③ 120명

④ 130명

⑤ 140명

**2.** 점 A, B는 길이가 1cm인 고무줄의 양끝점이고, C는 고무줄 위에 있는 한 점이다. C는 A에서 0.7cm 떨어져 있다고 한다. 이 고무줄을 늘여 3cm로 만들면 C는 A로부터 몇 cm 떨어진 위치에 있게 되는가? (단, 고무줄은 균일하게 늘어난다고 가정한다.)

① 0.7cm

② 1.4cm

③ 2.1cm

④ 2.4cm

⑤ 2.8cm

**3.** 한 학년에 세 반이 있는 학교가 있다. 학생수가 A반은 20명, B반은 30명, C반은 50명이다. 수학 점수 평균이 A반은 70점, B반은 80점, C반은 60점일 때, 이 세 반의 평균은 얼마인가?

① 62

② 64

③ 66

④ 68

⑤ 70

**4.** 홀수 층에서만 정지하는 엘리베이터가 있다. 한 층에서 다음 층까지 이동 시간은 5초이며, 문이 열리고 닫히는 데 3초가 걸린다. 11층에서 내려오기 시작하여 모든 홀수 층에서 정지하고, 1층까지 도착하는 데 걸리는 시간은 몇 초인가?

① 62초

② 65초

③ 68초

④ 72초

⑤ 74초

**5.** 정훈 혼자로는 30일, 정민 혼자로는 40일 걸리는 일이 있다. 둘은 공동 작업으로 일을 시작했으나, 중간에 정훈이가 쉬었기 때문에 끝마치는 데 24일이 걸렸다면 정훈이가 쉬었던 기간은?

① 6일

② 12일

③ 15일

④ 17일

⑤ 19일

**6.** 10%의 소금물과 5%의 소금물을 섞어 8%의 소금물 300g을 만들려고 한다. 10%의 소금물과 5%의 소금물의 무게는 각각 얼마만큼씩 필요한가?

| | 10% | 5% |
|---|---|---|
| ① | 190g | 110g |
| ② | 180g | 120g |
| ③ | 170g | 130g |
| ④ | 160g | 140g |
| ⑤ | 150g | 150g |

**7.** 두 가지 메뉴 A, B를 파는 어느 음식점에서 지난주에 두 메뉴를 합하여 1,000명분을 팔았다. 이번 주에는 지난주에 비하여 A 메뉴는 판매량이 5% 감소하고, B 메뉴는 10% 증가하여 전체적으로 4% 증가하였다. 이번 주에 판매된 A 메뉴는 몇 명분인가?

① 360명      ② 380명

③ 400명      ④ 420명

⑤ 440명

**8.** 규민이 혼자 6일, 영태 혼자 10일에 끝낼 수 있는 일이 있다. 이 일을 규민이와 영태가 함께 며칠 일하면 전체의 80%의 일을 하겠는가?

① 2일      ② 3일

③ 4일      ④ 5일

⑤ 6일

**9.** 영희는 낮 12시에 약속이 있었지만 전날의 과로로 계속해서 잠을 자게 되었다. 민수가 기다리다가 12시부터 10분마다 전화를 했다면 1시 20분까지는 전화벨이 몇 번 울렸는가?

① 7번      ② 9번

③ 11번      ④ 13번

⑤ 14번

**10.** 다이아몬드의 가격은 그 무게의 제곱에 비례한다고 한다. 가격이 270만원인 다이아몬드를 잘못하여 두 조각을 내었다. 나누어진 두 조각의 무게의 비가 2 : 1이라고 할 때, 깨뜨렸기 때문에 생긴 손해액은 얼마인가?

① 188만원      ② 120만원

③ 125만원      ④ 128만원

⑤ 130만원

**11.** 다음은 A 회사의 2010년과 2020년의 출신 지역 및 직급별 임직원 수에 대한 자료이다. 이에 대한 설명으로 옳지 않은 것은?

2010년의 출신 지역 및 직급별 임직원 수

(단위 : 명)

| 지역<br>직급 | 서울·경기 | 강원 | 충북 | 충남 | 경북 | 경남 | 전북 | 전남 | 합계 |
|---|---|---|---|---|---|---|---|---|---|
| 이사 | 0 | 0 | 1 | 1 | 0 | 0 | 1 | 1 | 4 |
| 부장 | 0 | 0 | 1 | 0 | 0 | 1 | 1 | 1 | 4 |
| 차장 | 4 | 4 | 3 | 3 | 2 | 1 | 0 | 3 | 20 |
| 과장 | 7 | 0 | 7 | 4 | 4 | 5 | 11 | 6 | 44 |
| 대리 | 7 | 12 | 14 | 12 | 7 | 7 | 5 | 18 | 82 |
| 사원 | 19 | 38 | 41 | 37 | 11 | 12 | 4 | 13 | 175 |
| 합계 | 37 | 54 | 67 | 57 | 24 | 26 | 22 | 42 | 329 |

2020년의 출신 지역 및 직급별 임직원 수

(단위 : 명)

| 지역<br>직급 | 서울·경기 | 강원 | 충북 | 충남 | 경북 | 경남 | 전북 | 전남 | 합계 |
|---|---|---|---|---|---|---|---|---|---|
| 이사 | 3 | 0 | 1 | 1 | 0 | 0 | 1 | 2 | 8 |
| 부장 | 0 | 0 | 2 | 0 | 0 | 1 | 1 | 0 | 4 |
| 차장 | 3 | 4 | 3 | 4 | 2 | 1 | 1 | 2 | 20 |
| 과장 | 8 | 1 | 14 | 7 | 6 | 7 | 18 | 14 | 75 |
| 대리 | 10 | 14 | 13 | 13 | 7 | 6 | 2 | 12 | 77 |
| 사원 | 12 | 35 | 38 | 31 | 8 | 11 | 2 | 11 | 148 |
| 합계 | 36 | 54 | 71 | 56 | 23 | 26 | 25 | 41 | 332 |

① 출신 지역을 고려하지 않을 때, 2010년 대비 2020년에 직급별 인원의 증가율은 이사 직급에서 가장 크다.

② 출신 지역별로 비교할 때, 2020년의 경우 해당 지역 출신 임직원 중 과장의 비율은 전라북도가 가장 높다.

③ 2010년에 비해 2020년에 과장의 수는 증가하였다.

④ 2010년에 비해 2020년에 대리의 수가 늘어난 출신 지역은 대리의 수가 줄어든 출신 지역에 비해 많다.

⑤ 2010년에 비해 2020년에 사원의 수가 늘어난 출신 지역은 없다.

**12.** 다음은 어떤 지역의 연령층·지지 정당별 사형제 찬반에 대한 설문조사 결과이다. 이에 대한 설명 중 옳은 것을 고르면?

(단위 : 명)

| 연령층 | 지지정당 | 사형제에 대한 태도 | 빈도 |
|---|---|---|---|
| 청년층 | A | 찬성 | 90 |
| | | 반대 | 10 |
| | B | 찬성 | 60 |
| | | 반대 | 40 |
| 장년층 | A | 찬성 | 60 |
| | | 반대 | 10 |
| | B | 찬성 | 15 |
| | | 반대 | 15 |

> ㉠ 청년층은 장년층보다 사형제에 반대하는 사람의 수가 적다.
> ㉡ B당 지지자의 경우, 청년층은 장년층보다 사형제 반대 비율이 높다.
> ㉢ A당 지지자의 사형제 찬성 비율은 B당 지지자의 사형제 찬성 비율보다 높다.
> ㉣ 사형제 찬성 비율의 지지 정당별 차이는 청년층보다 장년층에서 더 크다.

① ㉠㉡
② ㉠㉣
③ ㉡㉢
④ ㉡㉣
⑤ ㉢㉣

**|13~14|** 다음은 A, B, C 대학 졸업생들 중 국내 대기업 ㈎, ㈏, ㈐, ㈑에 지원한 사람의 비율을 나타낸 것이다. 물음에 답하시오. (단, ( )안은 지원자 중 취업한 사람의 비율을 나타낸다.)

| 학교＼그룹 | ㈎ 그룹 | ㈏ 그룹 | ㈐ 그룹 | ㈑ 그룹 | 취업 희망자수 |
|---|---|---|---|---|---|
| A 대학 | 60%(50%) | 15%(80%) | ㉠%(60%) | 5%(90%) | 800명 |
| B 대학 | 55%(40%) | 20%(65%) | 12%(75%) | 13%(90%) | 700명 |
| C 대학 | 75%(65%) | 10%(70%) | 4%(90%) | 11%(㉡%) | 400명 |

**13.** 다음 중 ㉠에 해당하는 수는?

① 15%
② 20%
③ 30%
④ 35%
⑤ 42%

**14.** C 대학 졸업생 중 ㈑그룹에 지원하여 취업한 사람이 모두 30명이라 할 때 ㉡에 알맞은 수는?

① 24%
② 30%
③ 45%
④ 68%
⑤ 72%

**15.** 다음은 중학생의 주당 운동시간에 관한 자료이다. 다음 중 주당 운동시간이 3시간 미만의 1학년 인원수와 3시간 이상의 3학년 인원수로 짝지어진 것은?

(단위 : %, 명)

| 구분 | | 1학년 | 2학년 | 3학년 |
|---|---|---|---|---|
| 1시간 미만 | 비율 | 10.0 | 5.7 | 7.6 |
| | 인원수 | 118 | 66 | 87 |
| 1시간 이상 2시간 미만 | 비율 | 22.2 | 20.4 | 19.7 |
| | 인원수 | 261 | 235 | 224 |
| 2시간 이상 3시간 미만 | 비율 | 21.8 | 20.9 | 24.1 |
| | 인원수 | 256 | 241 | 274 |
| 3시간 이상 4시간 미만 | 비율 | 34.8 | 34.0 | 23.4 |
| | 인원수 | 409 | 392 | 266 |
| 4시간 이상 | 비율 | 11.2 | 19.0 | 25.2 |
| | 인원수 | 132 | 219 | 287 |
| 합계 | 비율 | 100.0 | 100.0 | 100.0 |
| | 인원수 | 1,176 | 1,153 | 1,138 |

| | 3시간 미만의 1학년 인원수 | 3시간 이상의 3학년 인원수 |
|---|---|---|
| ① | 635 | 553 |
| ② | 548 | 514 |
| ③ | 517 | 498 |
| ④ | 492 | 468 |
| ⑤ | 453 | 412 |

**┃16~17┃** 다음은 교육복지지원 정책사업 내 단위사업 세출 결산 현황을 나타낸 표이다. 물음에 답하시오.

(단위 : 백만 원)

| 단위사업명 | 2018 | 2017 | 2016 |
|---|---|---|---|
| | 결산액 | 결산액 | 결산액 |
| 총계 | 5,016,557 | 3,228,077 | 2,321,263 |
| 학비 지원 | 455,516 | 877,020 | 1,070,530 |
| 방과후교육 지원 | 636,291 | – | – |
| 급식비 지원 | 647,314 | 665,984 | 592,300 |
| 정보화 지원 | 61,814 | 64,504 | 62,318 |
| 농어촌학교 교육여건 개선 | 110,753 | 71,211 | 77,334 |
| 교육복지우선 지원 | 157,598 | 188,214 | 199,019 |
| 누리과정 지원 | 2,639,752 | 989,116 | – |
| 교과서 지원 | 307,519 | 288,405 | 260,218 |
| 학력격차해소 | – | 83,622 | 59,544 |

**16.** 2017년 대비 2018년의 급식비 지원 증감률로 옳은 것은? (단, 소수 둘째 자리에서 반올림한다)

① −2.8%

② −1.4%

③ 2.8%

④ 10.5%

⑤ 12.4%

**17.** 다음 중 2016년 대비 2017년의 증감률이 가장 높은 단위사업으로 옳은 것은?

① 학비 지원

② 정보화 지원

③ 농어촌학교 교육여건 개선

④ 교과서 지원

⑤ 학력격차해소

**18.** 한 달 전화 요금이 다음 표와 같은 A, B 두 요금제가 있다. B요금제가 더 유리하려면 한 달에 최소 몇 통화를 사용해야 하는가?

| 요금제 | 기본요금 | 한 통화당 추가요금 |
|---|---|---|
| A | 18,000(기본 50통화) | 25원(50통화 초과 시) |
| B | 40,000원 | 없음 |

① 880통화

② 881통화

③ 930통화

④ 931통화

⑤ 1000통화

**┃19~20┃** 다음은 2014년 분야별 상담 건수 현황에 관한 표이다. 물음에 답하시오.

| 구분 | 개인정보 | 스팸 | 해킹·바이러스 | 인터넷일반 | 인터넷주소 | KISA 사업문의 | 기타 | 합계 |
|---|---|---|---|---|---|---|---|---|
| 1월 | 16,279 | 9,515 | 13,195 | 438 | 219 | 5,462 | 14,238 | 59,346 |
| 2월 | 11,489 | 9,443 | 7,029 | 379 | 226 | 3,494 | 13,047 | 45,107 |
| 3월 | 12,839 | 10,461 | 9,571 | 437 | 256 | 4,338 | 13,099 | 51,001 |
| 4월 | 11,353 | 12,156 | 12,973 | 592 | 227 | 2,858 | 12,514 | 52,673 |
| 5월 | 10,307 | 12,408 | 14,178 | 476 | 182 | 2,678 | 10,697 | 50,926 |
| 6월 | 10,580 | 12,963 | 10,102 | 380 | 199 | 2,826 | 12,170 | 49,220 |
| 7월 | 13,635 | 12,905 | 7,630 | 393 | 201 | 3,120 | 13,001 | 50,875 |
| 8월 | 15,114 | 9,782 | 9,761 | 487 | 175 | 3,113 | 11,128 | 49,560 |

**19.** 위의 표에 대한 설명으로 옳지 않은 것은?

① 스팸에 관한 상담 건수는 매월 증가하였다.

② 5월에 가장 많은 상담 건수를 차지한 것은 해킹·바이러스이다.

③ 6월에 인터넷주소 상담 건수 비율은 0.4%이다.

④ 7월에 KISA 사업문의는 294건 증가하였다.

⑤ 8월에 개인정보에 관한 상담 건수 비율이 30.50%로 가장 많았다.

**20.** 8월의 분야별 상담 건수의 비율로 적절하지 않은 것은?

① 스팸 : 19.74%

② 해킹·바이러스 : 19.70%

③ 인터넷일반 : 1.3%

④ 인터넷주소 : 0.35%

⑤ KISA 사업문의 : 6.28%

**|21~22|** 다음 짝지어진 단어 사이의 관계가 나머지와 다른 하나를 고르시오.

## 21.

① 동양화-민화-인물화
② 희곡-희극-비극
③ 전서-예서-초서
④ 사자-토끼-낙타
⑤ 치마-외투-바지

## 22.

① 손-팔꿈치-팔
② 바퀴-백미러-자동차
③ 다이얼버튼-송수화기-전화기
④ 뿌리-나뭇잎-나무
⑤ 도라지-더덕-칡

**|23~25|** 제시된 단어와 같은 관계가 되도록 빈칸에 들어갈 가장 적절한 단어를 고르시오.

## 23.

| 통합 : 합병 = 애도 : ( ) |
|---|

① 애국　　　　　② 장애
③ 애상　　　　　④ 불만
⑤ 상념

## 24.

| 점원 : 자판기 = 증명 : ( ) |
|---|

① 논증　　　　　② 민원
③ 유추　　　　　④ 공리
⑤ 선의

## 25.

| 차가운 : 빙하 = 깊은 : ( ) |
|---|

① 해류　　　　　② 해령
③ 해초　　　　　④ 해저
⑤ 해안

## 26.

A~G 7명이 저녁 회식을 마치고, 신도림역에서 모두 지하철 1호선 또는 2호선을 타고 귀가하였다. 그런데 이들이 귀가하는데 다음과 같은 조건을 따랐다고 할 때, A가 1호선을 이용하지 않았다면, 다음 중 가능하지 않은 것은?

• 1호선을 이용한 사람은 많아야 3명이다.
• A는 D와 같은 호선을 이용하지 않았다.
• F는 G와 같은 호선을 이용하지 않았다.
• B와 D는 같은 호선을 이용하였다.

① B는 지하철 1호선을 탔다.
② C는 지하철 2호선을 탔다.
③ E는 지하철 1호선을 탔다.
④ F는 지하철 1호선을 탔다.
⑤ A는 지하철 2호선을 탔다.

## 27.

갑, 을, 병, 정이 있다. 각각의 위치가 다음과 같을 때 반드시 참인 것은?

• 갑은 을의 앞에 있다.
• 병은 갑의 뒤에 있다.
• 정은 을 뒤에 있다.

① 정은 가장 뒤에 있다.
② 병은 정 앞에 있다.
③ 을은 병보다 앞에 있다.
④ 갑이 가장 앞에 있다.
⑤ 갑은 정 뒤에 있다.

## 28.

> • 사과를 좋아하는 어린이는 수박도 좋아한다.
> • 배를 좋아하지 않는 어린이는 수박도 좋아하지 않는다.
> • 귤을 좋아하지 않는 어린이는 배도 좋아하지 않는다.

① 사과를 좋아하는 어린이는 배를 싫어한다.
② 사과를 좋아하는 어린이는 배도 좋아한다.
③ 수박을 좋아하지 않는 어린이는 배를 좋아하지 않는다.
④ 배를 좋아하지 않는 어린이는 귤을 좋아하지 않는다.
⑤ 수박을 좋아하는 어린이는 귤을 좋아하지 않는다.

## 29.

> • 장딴지가 굵은 사람은 축구선수이다.
> • 반바지를 입는 사람 중에서는 더위를 잘 타는 사람이 있다.
> • 어떤 축구선수는 더위를 잘 타지 않는다.
> • 축구선수들은 모두 반바지를 입는다.

① 장딴지가 굵지 않은 축구선수는 반바지를 입지 않는다.
② 더위를 잘 타지 않는 축구선수는 반바지를 입지 않는다.
③ 더위를 잘 타는 사람은 축구선수가 아니다.
④ 더위를 잘 타는 축구선수가 있다.
⑤ 축구선수 중에 더위를 잘 타지 않는 사람은 없다.

## 30.

> • A~E 5명의 입사성적를 비교하면 A의 순번 뒤에는 2명이 있다.
> • D의 순번 바로 앞에는 B가 있다.
> • E의 앞에는 2명 이상의 사람이 있고 C보다는 앞이었다.

① 입사성적이 동점인 사람이 있다.
② 입사성적인 두 번째로 높은 사람은 D가 된다.
③ A는 B보다 입사성적이 좋다.
④ D는 입사성적이 가장 낮다.
⑤ C는 A보다 입사성적이 좋다.

## 31.

> • 어떤 창의적인 사람은 융통성이 없다.
> • 어떤 우유부단한 사람은 융통성이 없다.
> • 창의적인 사람은 우유부단하지 않다.
> • 그러므로 _____

① 융통성이 없는 사람은 창의적이거나 우유부단하다.
② 창의적이지 않은 사람은 우유부단하다.
③ 창의적이면서 동시에 우유부단한 사람은 없다.
④ 우유부단한 사람은 모두 융통성이 없다.
⑤ 우유부단하지 않은 사람은 창의적이다.

## 32.

> • 적극적인 사람은 인기가 많다.
> • 운동을 잘 하는 사람은 적극적이다.
> • 은우는 운동을 잘 한다.
> • 그러므로 _____

① 운동을 잘하는 사람은 성적이 좋지 않다.
② 은우는 소극적인 성격을 가지고 있다.
③ 은우는 인기가 많다.
④ 운동을 잘하는 사람은 인기가 없다.
⑤ 운동을 잘하면서 적극적이지 않은 사람은 인기가 없다.

**33.** 다음과 같이 구름다리로 연결된 건물 외벽을 빨간색, 노란색, 초록색, 파란색, 보라색으로 칠하려고 한다. 건물을 칠하는 것에 아래와 같은 조건이 있을 때 **옳지 않은** 것은?

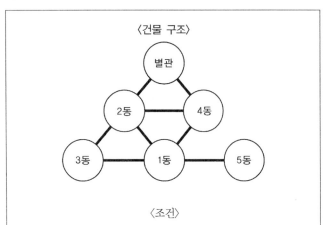

⟨건물 구조⟩

⟨조건⟩

㉠ 1동은 빨간색으로 칠한다.

㉡ 3동과 별관은 보라색으로 칠한다.

㉢ 구름다리로 연결된 두 동은 같은 색을 칠할 수 없다.

㉣ 파란색과 보라색은 구름다리로 연결된 동끼리 사용할 수 없다.

㉤ 5개의 색이 모두 사용되어야 할 필요는 없다.

① 2동이 노란색이면 4동은 초록색이다.

② 5동은 빨간색 이외의 모든 색을 칠할 수 있다.

③ 가능한 방법은 총 8가지이다.

④ 3개의 색을 사용해서 건물을 칠할 수 있다.

⑤ 2동이나 4동은 빨간색으로 할 수 없다.

┃34~35┃ 주어진 결론을 받드시 참으로 하는 전제를 고르시오.

**34.**

전제1 : 어떤 사자는 영어를 잘한다.

전제2 : 어떤 호랑이는 영어를 잘한다.

전제3 : _____

결론 : 어떤 호랑이는 영어와 수학을 모두 잘한다.

① 영어를 잘하면 사자이다.

② 수학을 잘하는 사자가 있다.

③ 모든 사자는 수학을 잘한다.

④ 어떤 호랑이는 수학을 잘한다.

⑤ 모든 호랑이는 수학을 잘한다.

**35.**

전제1 : 미술을 좋아하는 사람은 상상력이 풍부하다.

전제2 : 키가 작은 사람은 창의적이다.

전제3 : _____

결론 : 상상력이 풍부하지 않은 사람은 예술적이지 않다.

① 창의적인 사람은 상상력이 풍부하다.

② 미술을 좋아하는 사람은 창의적이지 않다.

③ 상상력이 풍부한 사람은 예술적이다.

④ 예술적인 사람은 미술을 좋아한다.

⑤ 예술적인 사람은 키가 작다.

**36.** 다음은 그림은 복도를 사이에 두고 1001~1003호, 1004~1007호의 7개 방이 엘리베이터의 양쪽에 늘어서 있는 것을 나타낸 것이다. A~G 7명이 다음과 같이 각 호에 1명씩 투숙하고 있다고 할 때 1006호에 묵고 있는 사람은 누구인가?

| 1001 | 1002 | 1003 | − | 엘리베이터 |
|------|------|------|------|------|
| 1004 | 1005 | 1006 | 1007 | |

• B의 방 맞은편에는 D의 방이 있다.

• C의 방 양 옆으로 A, G가 묵고 있다.

• F의 양 옆에는 D, E가 묵고 있다.

• G는 엘리베이터와 가장 가깝다.

① B

② C

③ D

④ E

⑤ F

**37.** A, B, C, D, E, F, G, H 8명이 수영대회 결승전에 진출하였다. 다음 조건을 모두 고려하였을 때, 항상 참인 것을 고르면?

- 8명 중 순위가 동일한 선수는 없다.
- H는 C보다 먼저 골인하였으나, F보다는 늦게 골인하였다.
- B에 이어 바로 E가 골인하였으며, E와 F 사이에 세 사람이 골인하였다.
- C는 B보다 늦게 골인하였고, B는 F보다 빨리 골인하였으며, A의 순위는 3위가 아니었다.

① A의 순위는 4위이다.
② H보다 늦게 골인한 사람은 2명이다.
③ D의 순위는 최소한 5위이다.
④ G는 3위가 될 수 없다.
⑤ C는 E보다 먼저 도착하였다.

**38.** A조의 갑, 을, 병, 정과 B조의 무, 기, 경, 신이 어느 법령에 대한 찬반토론을 하고 있다. 8명 중 4명은 찬성, 4명은 반대한다. 이들의 찬반 성향이 다음과 같을 때 반드시 참인 것은?

- 무와 기 중 적어도 한 사람은 반대한다.
- 을이 찬성하면 병과 정은 반대한다.
- 기와 경의 의견은 언제나 같다.
- 을이 찬성하면 기와 경도 찬성하고, 기와 경이 모두 찬성하면 을도 찬성한다.
- 신이 찬성하면 갑도 찬성하고, 신이 반대하면 무도 반대한다.

① 을이 찬성하면 갑은 찬성한다.
② 을이 찬성하면 무는 찬성한다.
③ 을이 찬성하면 신은 찬성한다.
④ 을이 반대하면 갑은 반대한다.
⑤ 신이 반대하면 갑도 반대한다.

**39.** 재오, 상원, 기찬, 미란, 장미, 민정 여섯 명이 심부름을 가는 사람을 정하는데 다음의 조건을 모두 지켜야 한다. 심부름을 할 사람을 바르게 짝지은 것은?

- ㉠ 재오와 기찬이가 심부름을 가면 미란이도 심부름을 간다.
- ㉡ 미란이와 장미 중 한 명이라도 심부름을 가면 민정이도 심부름을 간다.
- ㉢ 민정이가 심부름을 가면 기찬이와 상원이도 심부름을 간다.
- ㉣ 상원이가 심부름을 가면 민정이는 심부름을 가지 않는다.
- ㉤ 기찬이가 심부름을 가면 민정이도 심부름을 간다.

① 재오, 상원         ② 재오, 기찬
③ 상원, 장미         ④ 기찬, 민정
⑤ 장미, 기찬

**40.** 갑, 을, 병, 정의 네 나라에 대한 다음의 조건으로부터 추론할 수 있는 것은?

- ㉠ 이들 나라는 시대 순으로 연이어 존재했다.
- ㉡ 네 나라의 수도는 각각 달랐는데 관주, 금주, 평주, 한주 중 어느 하나였다.
- ㉢ 한주가 수도인 나라는 평주가 수도인 나라의 바로 전 시기에 있었다.
- ㉣ 금주가 수도인 나라는 관주가 수도인 나라의 바로 다음 시기에 있었으나, 정보다는 이전 시기에 있었다.
- ㉤ 병은 가장 먼저 있었던 나라는 아니지만, 갑보다는 이전 시기에 있었다.
- ㉥ 병과 정은 시대 순으로 볼 때 연이어 존재하지 않았다.

① 금주는 갑의 수도이다.
② 관주는 병의 수도이다.
③ 평주는 정의 수도이다.
④ 을은 갑의 다음 시기에 존재하였다.
⑤ 을과 병은 연이어 존재하지 않았다.

**41.** 거짓만을 말하는 사람들이 사는 나라 A와 참만을 말하는 사람들이 사는 나라 B가 있다고 가정할 때, 다음 사람들 중에서 B국 사람은 누구인가? (단, B국 사람은 한 명이다)

- 갑 : 을이 하는 말은 모조리 사실이야. 믿을 수 있어.
- 을 : 나는 태어나서 거짓말을 해본 적이 한 번도 없어.
- 병 : 너 지금 거짓말 하고 있어, 을.
- 정 : 병, 너야말로 지금 거짓말 하고 있잖아.

① 갑          ② 을
③ 병          ④ 정
⑤ 없다.

**42.** J회사에서 신제품 음료에 대한 블라인드 테스트를 진행하였다. 테스트에 응한 직원 30명은 음료 A, B, C에 대해 1~3순위를 부여하였는데 그에 대한 결과가 다음과 같을 때, C에 3순위를 부여한 사람의 수는? (단, 두 개 이상의 제품에 같은 순위를 부여할 수 없다)

- ㉠ A를 B보다 선호하는 사람은 18명이다.
- ㉡ B를 C보다 선호하는 사람은 25명이다.
- ㉢ C를 A보다 선호하는 사람은 10명이다.
- ㉣ C에 1순위를 부여한 사람은 없다.

① 12명          ② 13명
③ 14명          ④ 15명
⑤ 16명

**43.** '총기허가증이 없으면, 사냥총을 사용할 수 없다.'는 규칙이 잘 지켜지고 있는지를 알아내기 위해 꼭 조사해야 하는 두 사람을 고르면?

- 갑 : 총기허가증이 없음, 사냥총 사용 여부를 알지 못함
- 을 : 총기허가증이 있는지 알 수 없음, 사냥총을 사용하고 있음
- 병 : 총기허가증이 있는지 알 수 없음, 사냥총을 사용하고 있지 않음
- 정 : 총기허가증이 있음, 사냥총 사용 여부를 알지 못함

① 갑, 을          ② 갑, 병
③ 을, 병          ④ 을, 정
⑤ 갑, 정

**|44~45|** 다음 주어진 도형들의 일정한 규칙을 찾아, '?'에 들어갈 알맞은 도형을 고르시오.

**44.**

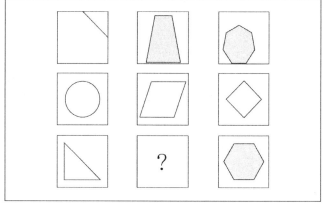

①       ②
③       ④
⑤

**45.**

| ㄱ | F | ㄹ | | ㄴ | H | ㅁ | | ㄷ | J | ㅂ | |
|---|---|---|---|---|---|---|---|---|---|---|---|
| B | G | K | | D | I | M | | F | I | O | ? |
| X | ㅂ | ㅁ | | Z | ㅅ | ㅂ | | B | O | ㅅ | |

① 
| ㄹ | ㄴ | ㅅ |
|---|---|---|
| H | K | Q |
| D | ㅈ | O |

② 
| ㄹ | ㄴ | ㅅ |
|---|---|---|
| H | L | W |
| D | ㅈ | O |

③ 
| ㅁ | ㄴ | ㅂ |
|---|---|---|
| H | K | Q |
| D | ㅅ | O |

④ 
| ㅁ | ㄴ | ㅅ |
|---|---|---|
| H | L | Q |
| D | ㅈ | O |

⑤ 
| ㄹ | ㄴ | ㅅ |
|---|---|---|
| H | K | W |
| V | ㅊ | O |

**| 46~50 |** 다음 제시된 도식 기호들(◐, ◤, ◎, ◉)은 일정한 규칙에 따라 문자들을 변화시킨다. 괄호 안에 들어갈 알맞은 문자를 고르시오.

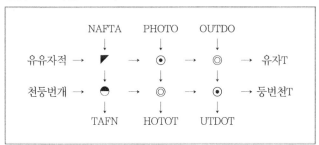

NAFTA → ◤ → ◎ → ◎ → 유자T
유유자적

천둥번개 → ◐ → ◎ → ◉ → 둥번천T
PHOTO    OUTDO
TAFN    HOTOT    UTDOT

**| 49~50 |** 다음에 제시된 예를 보고 $와 !에 들어갈 도형으로 옳은 것을 고르시오.

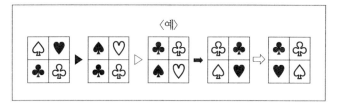

### 46.

뻬뚤어질테다 → ◉ → ◐ → (    )

① T뚤어질테다뻬
② 뚤어질테다T
③ 뻬뚤어질테다T
④ 뚤어질테다뻬T
⑤ 어질테다뻬뚤T

### 49.

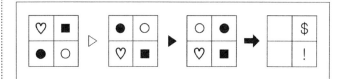

① ♡  ○
② ♥  ■
③ ●  □
④ ○  □
⑤ ♡  ●

### 47.

ANSWER → ◎ → ◤ → ◐ → (    )

① ANSWERT
② NSWERT
③ ANSWET
④ ESWN
⑤ NSERW

### 50.

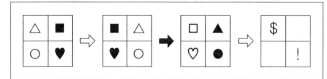

① △  ■
② ○  ♥
③ ▲  ♡
④ □  ♡
⑤ ○  ♡

### 48.

CHAPTER → ◐ → ◉ → ◤ → ◎ → (    )

① CHAPTERT
② RCHAPTE
③ HAPTERC
④ HAPTEC
⑤ APTERC

# 삼성전자

## GSAT 삼성직무적성검사

## 모의고사

| | 영 역 | 수리영역, 추리영역 |
|---|---|---|
| **제 3 회** | 문항수 | 50문항 |
| | 시 간 | 60분 |
| | 비 고 | 객관식 5지선다형 |

## 제3회 GSAT 직무적성검사

✏️ 수리영역(20문항 / 30분)

**1.** A지점에서 150km 떨어진 B지점까지 평균시속 75km로 왕복하였다. 갈 때는 시속 100km로 운전하였다면 올 때의 시속은 몇 km인가?

① 60 ② 65
③ 70 ④ 75
⑤ 80

**2.** 농도가 각각 12%, 4%인 소금물을 섞어서 425g의 소금물을 만들었다. 여기에 물 25g을 더 넣었더니 농도가 10%인 소금물이 되었다. 이때, 12% 소금물의 양을 구하시오.

① 330g ② 340g
③ 350g ④ 360g
⑤ 370g

**3.** 영희가 걷는 속도보다 2배 빠르게 달리는 철수는 4000m의 운동장을 16분 만에 완주했다. 그렇다면 영희가 걷는 속도는?

① 120m/m ② 125m/m
③ 130m/m ④ 135m/m
⑤ 140m/m

**4.** 철수는 2010년 1월 말부터 매달 말에 20만 원씩 적금을 넣기로 하였다. 월이율 2%의 복리로 계산할 때, 2011년 12월 말에 철수가 모은 금액은? (단, $1.02^{12}=1.3$으로 계산한다)

① 300만 원 ② 690만 원
③ 790만 원 ④ 850만 원
⑤ 900만 원

**5.** 연이율 10%, 1년마다 복리로 매년 초에 만 원씩 적립하였을 때, 10년째 연말의 원리합계는? (단, $1.1^9=2.4$, $1.1^{10}=2.6$, $1.1^{11}=2.9$로 계산한다)

① 156,000원 ② 169,000원
③ 176,000원 ④ 209,000원
⑤ 214,000원

**6.** 미영이는 42,000원을 가지고 있다. 이 돈의 $\frac{3}{7}$을 사용하여 2,000원짜리 연필을 산다고 할 때, 미영이는 연필 몇 자루를 구매할 수 있는가?

① 9자루 ② 8자루
③ 7자루 ④ 6자루
⑤ 5자루

**7.** 어떤 일을 A가 혼자하면 6일, B가 혼자하면 12일 걸린다. A와 B가 함께 동시에 일을 시작했지만 A가 중간에 쉬어서 일을 끝마치는데 8일이 걸렸다고 한다. 이 때 A가 쉬었던 기간은?

① 2일 ② 3일
③ 4일 ④ 5일
⑤ 6일

**8.** 어떤 일을 하는데 엄마는 4일이 걸리고, 언니는 8일이 걸린다고 한다. 이 일을 언니가 4일 동안 한 후에 엄마가 일을 한다면 엄마가 일을 마치는데 며칠이 걸리는가?

① 1일 ② 2일
③ 3일 ④ 4일
⑤ 5일

**9.** 3년 전 B나이의 3배가 A의 나이였으며, 3년 후에는 A의 나이가 B나이의 2배가 된다. 현재 A와 B나이의 합은?

① 26  ② 28

③ 30  ④ 32

⑤ 34

**10.** 빨간색 주사위 2개와 파란색 주사위 3개가 있다. 5개의 주사위 중에서 2개를 무작위로 집어서 던졌을 때, 둘 다 빨간색이고 나온 주사위 눈 수의 합이 10 이상일 확률은?

① $\dfrac{1}{120}$  ② $\dfrac{1}{60}$

③ $\dfrac{1}{150}$  ④ $\dfrac{1}{36}$

⑤ $\dfrac{1}{6}$

**11.** 논벼의 수익성을 다음 표와 같이 나타낼 때, 빈칸 ㉠, ㉡에 들어갈 수치는 순서대로 각각 얼마인가?

(단위 : 원, %, %p)

| 구분 | 2016년 | 2017년 | 전년대비 | |
|---|---|---|---|---|
| | | | 증감 | 증감률 |
| □ 총수입(a) | 856,165 | 974,553 | 118,388 | 13.8 |
| □ 생산비(b) | 674,340 | 691,374 | 17,033 | 2.5 |
| □ 경영비(c) | 426,619 | ( ㉠ ) | 6,484 | 1.5 |
| □ 순수익(a)−(b) | 181,825 | 283,179 | 101,355 | 55.7 |
| ○ 순수익률* | 21.2 | 29.1 | 7.8 | |
| □ 소득(a)−(c) | 429,546 | 541,450 | 111,904 | 26.1 |
| ○ 소득률* | ( ㉡ ) | 55.6 | 5.4 | |

* 순수익률=(순수익÷총수입)×100, 소득률=(소득÷총수입)×100

 (반올림하여 소수점 첫째 자리까지 표시함)

① 433,103 / 45.2

② 433,103 / 50.2

③ 423,605 / 45.2

④ 423,605 / 50.2

⑤ 433,103 / 55.3

**┃12~13┃** 다음은 연도별 유·초·중고등 휴직 교원의 휴직사유를 나타낸 표이다. 물음에 답하시오.

| 구분 | 질병 | 병역 | 육아 | 간병 | 동반 | 학업 | 기타 |
|---|---|---|---|---|---|---|---|
| 2019 | 1,202 | 1,631 | 20,826 | 721 | 927 | 327 | 2,928 |
| 2018 | 1,174 | 1,580 | 18,719 | 693 | 1,036 | 353 | 2,360 |
| 2017 | 1,019 | 1,657 | 15,830 | 719 | 1,196 | 418 | 2,043 |
| 2016 | 547 | 1,677 | 12,435 | 561 | 1,035 | 420 | 2,196 |
| 2015 | 532 | 1,359 | 10,925 | 392 | 1,536 | 559 | 808 |
| 2014 | 495 | 1,261 | 8,911 | 485 | 1,556 | 609 | 806 |
| 2013 | 465 | 1,188 | 6,098 | 558 | 1,471 | 587 | 752 |
| 2012 | 470 | 1,216 | 5,256 | 437 | 1,293 | 514 | 709 |
| 2011 | 471 | 1,071 | 4,464 | 367 | 1,120 | 456 | 899 |

**12.** 2013년 휴직의 사유 중 간병이 차지하는 비중은?(소수 둘째자리에서 반올림한다)

① 4.6%  ② 4.7%

③ 4.8%  ④ 4.9%

⑤ 5.0%

**13.** 다음 중 표에 관한 설명으로 옳지 않은 것은?

① 2016년부터 2019년까지 휴직의 사유를 보면 육아의 비중이 가장 높다.

② 2011년부터 2019년까지 휴직의 사유 중 병역은 항상 질병의 비중보다 높다.

③ 2018년부터는 육아가 휴직 사유에서 차지하는 비중이 70%를 넘어서고 있다.

④ 2016년 휴직 사유 중 간병의 비중이 질병보다 낮다.

⑤ 2017년부터 2019년까지 기타를 제외한 휴직 사유를 높은 순서대로 나열하면 육아, 병역, 질병, 동반, 간병, 학업이다.

**14.** 다음은 2017년 어린이집 및 유치원의 11개 특별활동프로그램 실시 현황에 관한 자료이다. 이에 대한 설명으로 옳은 것들만 바르게 짝지어진 것은?

어린이집 및 유치원의 11개 특별활동프로그램 실시 현황

(단위 : %, 개, 명)

| 구분 / 특별활동프로그램 | 어린이집 | | | 유치원 | | |
|---|---|---|---|---|---|---|
| | 실시율 | 실시기관 수 | 파견강사 수 | 실시율 | 실시기관 수 | 파견강사 수 |
| 미술 | 15.7 | 6,677 | 834 | 38.5 | 3,250 | 671 |
| 음악 | 47.0 | 19,988 | 2,498 | 62.7 | 5,294 | 1,059 |
| 체육 | 53.6 | 22,794 | 2,849 | 78.2 | 6,600 | 1,320 |
| 과학 | 6.0 | ( ) | 319 | 27.9 | ( ) | 471 |
| 수학 | 2.9 | 1,233 | 206 | 16.2 | 1,366 | 273 |
| 한글 | 5.8 | 2,467 | 411 | 15.5 | 1,306 | 291 |
| 컴퓨터 | 0.7 | 298 | 37 | 0.0 | 0 | 0 |
| 교구 | 15.2 | 6,464 | 808 | 15.5 | 1,306 | 261 |
| 한자 | 0.5 | 213 | 26 | 3.7 | 316 | 63 |
| 영어 | 62.9 | 26,749 | 6,687 | 70.7 | 5,968 | 1,492 |
| 서예 | 1.0 | 425 | 53 | 0.6 | 51 | 10 |

※ 해당 특별활동프로그램 실시율(%)

$$= \frac{\text{해당 특별활동프로그램 실시 어린이집(유치원) 수}}{\text{특별활동프로그램 실시 전체 어린이집(유치원) 수}} \times 100$$

※ 어린이집과 유치원은 각각 1개 이상의 특별활동프로그램을 실시하며, 2017년 특별활동프로그램 실시 전체 어린이집 수는 42,527개이고, 특별활동프로그램 실시 전체 유치원 수는 8,443개임

> ㉠ 특별활동프로그램 실시율이 40% 이상인 특별활동프로그램 수는 어린이집과 유치원이 동일하다.
> ㉡ 어린이집의 특별활동프로그램 중 실시기관 수 대비 파견강사 수의 비율은 '영어'가 '음악'보다 높다.
> ㉢ 파견강사 수가 많은 특별활동프로그램부터 순서대로 나열하면, 어린이집과 유치원의 특별활동프로그램 순위는 동일하다.
> ㉣ 특별활동프로그램 중 '과학' 실시기관 수는 유치원이 어린이집보다 많다.

① ㉠, ㉡  
② ㉠, ㉢  
③ ㉢, ㉣  
④ ㉠, ㉡, ㉣  
⑤ ㉡, ㉢, ㉣

**15.** 다음은 'A' 카페의 커피 판매정보에 대한 자료이다. 한 잔만을 더 판매하고 영업을 종료한다고 할 때, 총이익이 정확히 64,000원이 되기 위해서 판매해야 하는 메뉴는 무엇인가?

(단위 : 원, 잔)

| 구분 / 메뉴 | 한 잔 판매가격 | 현재까지의 판매량 | 한 잔당 재료(재료비) | | | | |
|---|---|---|---|---|---|---|---|
| | | | 원두 (200) | 우유 (300) | 바닐라시럽 (100) | 초코시럽 (150) | 카라멜시럽 (250) |
| 아메리카노 | 3,000 | 5 | ○ | × | × | × | × |
| 카페라테 | 3,500 | 3 | ○ | ○ | × | × | × |
| 바닐라라테 | 4,000 | 3 | ○ | ○ | ○ | × | × |
| 카페모카 | 4,000 | 2 | ○ | ○ | × | ○ | × |
| 캐러멜마키아토 | 4,300 | 6 | ○ | ○ | × | × | ○ |

※ 메뉴별 이익 = (메뉴별 판매가격 - 메뉴별 재료비) × 메뉴별 판매량  
※ 총이익은 메뉴별 이익의 합이며, 다른 비용은 고려하지 않음  
※ 'A'카페는 5가지 메뉴만을 판매하며, 메뉴별 한 반 판매가격과 재료비는 변동 없음  
※ ·○ : 해당 재료 한 번 사용함을 의미, ·× : 해당 재료를 사용하지 않음을 의미

① 아메리카노  
② 카페라테  
③ 바닐라라테  
④ 카페모카  
⑤ 캐러멜마키아토

**16.** 다음 표는 국내 상장사의 2019년도 1사분기 매출액을 나타낸다. 이 표를 바탕으로 2019년의 매출액이 30조를 넘을 것으로 예상되는 기업은 모두 몇 개인가?

| 유가증권시장 1분기 매출액 상위기업 | | | |
|---|---|---|---|
| 순위 | 회사명 | 매출액(백만 원) | 증감률(%) |
| 1 | A | 17,107,345 | 18.92 |
| 2 | B | 8,275,721 | 53.38 |
| 3 | C | 8,197,811 | 21.97 |
| 4 | D | 8,017,103 | 12.04 |
| 5 | E | 6,927,232 | 14.81 |
| 6 | F | 6,575,411 | 43.83 |
| 7 | G | 6,066,183 | 6.41 |
| 8 | H | 5,107,402 | 28.54 |
| 9 | I | 4,666,726 | 45.47 |
| 10 | J | 4,354,065 | 18.43 |

① 8개  
② 7개  
③ 6개  
④ 5개  
⑤ 4개

**17.** 다음 표는 우리나라 부패인식지수(CPI)연도별 변동 추이에 대한 표이다. 다음 중 옳지 않은 것은?

| | | 2004 | 2005 | 2006 | 2007 | 2008 | 2009 | 2010 |
|---|---|---|---|---|---|---|---|---|
| C P I | 점수 | 4.5 | 5.0 | 5.1 | 5.1 | 5.6 | 5.5 | 5.4 |
| | 조사대상국 | 146 | 159 | 163 | 180 | 180 | 180 | 178 |
| | 순위 | 47 | 40 | 42 | 43 | 40 | 39 | 39 |
| | 백분율 | 32.3 | 25.2 | 25.8 | 2339 | 22.2 | 21.6 | 21.9 |
| O E C D | 회원 | 30 | 30 | 30 | 30 | 30 | 30 | 30 |
| | 순위 | 24 | 22 | 23 | 25 | 22 | 22 | 22 |

※ 점수가 높을수록 청렴(0~10점)

① 우리나라의 평균 CPI 점수는 5.2점 이하다.
② 청렴도가 가장 낮은 해와 2010년도의 청렴도 점수 차는 0.9점이다.
③ OECD 순위는 2004년부터 현재까지 상위권으로 볼 수 있다.
④ CPI 순위는 2009년에 처음으로 30위권에 진입했다.
⑤ CPI를 확인해 볼 때, 우리나라는 다른 해에 비해 2008년도가 가장 청렴하다고 볼 수 있다.

**┃18~19┃** 다음 표를 보고 물음에 답하시오.

국가별 여성 사회 참여에 대한 인식

(단위 : %)

| 국가 | 전업주부가 되는 것은 소득이 있는 직장을 갖는 것만큼 값지다. | | | | | |
|---|---|---|---|---|---|---|
| | 강하게 동의 | 동의 | 반대 | 강하게 반대 | 무응답 | 모름 |
| 미국 | 24.0 | 50.5 | 20.2 | 4.0 | 1.3 | - |
| ㉠ | 13.8 | 51.7 | 6.9 | 0.6 | - | 27.0 |
| ㉡ | 11.2 | 48.8 | 24.2 | 2.5 | 3.2 | 10.1 |
| ㉢ | 21.8 | 30.6 | 31.3 | 11.7 | 0.1 | 4.6 |
| 한국 | 8.9 | 38.2 | 38.9 | 12.0 | 1.9 | 0.1 |
| ㉣ | 12.4 | 31.9 | 34.8 | 10.3 | 2.8 | 7.8 |
| 네덜란드 | 7.7 | 32.6 | 29.4 | 7.5 | 0.2 | 22.6 |
| 스웨덴 | 8.5 | 26.8 | 37.0 | 11.4 | 2.3 | 14.0 |

우리나라의 연도별 여성 사회 참여에 대한 인식

(단위 : %)

| 연도 | 전업주부가 되는 것은 소득이 있는 직장을 갖는 것만큼 값지다. | | | | | |
|---|---|---|---|---|---|---|
| | 강하게 동의 | 동의 | 반대 | 강하게 반대 | 무응답 | 모름 |
| 2001 | 40.9 | 45.4 | 10.2 | 1.1 | - | 2.4 |
| 2005 | 46.5 | 40.2 | 12.7 | 0.6 | - | - |
| 2010 | 8.9 | 38.2 | 38.9 | 12.0 | 1.9 | 0.1 |

**18.** 다음 중 위의 표를 올바르게 이해하지 못한 것은?

① 우리나라는 2001년에서 2010년으로 이동하면서 유급노동을 더욱 중시하는 풍토가 급격히 확산되었다.
② '동의'를 선택한 사람의 비율이 40%를 넘어가는 국가는 전체 조사국의 절반이 넘는다.
③ 2010년에는 전업주부가 되는 것이 직장을 갖는 것보다 값지다고 생각하는 사람이 절반에도 못 미친다.
④ 전업주부에 대한 가치를 두는 사람의 비율은 우리나라가 국제적으로 매우 낮은 편이다.
⑤ 우리나라는 주어진 질문에 대하여 관심도가 비교적 높은 국가라고 볼 수 있다.

**19.** 다음에 주어진 〈보기〉의 조건을 참고하여 위 표의 빈칸 ㉠~㉣에 들어갈 국가명을 순서대로 올바르게 나열한 것은?

〈보기〉
가. 독일과 스페인은 '동의'하는 응답자가 한국보다 적다.
나. 독일과 스페인의 '모른다'고 답한 응답자 수의 합은 일본의 '모른다'고 답한 응답자 수의 절반 이하이다.
다. 스페인은 독일보다 더 유급노동을 중시한다.

① 중국 – 일본 – 독일 – 스페인
② 일본 – 중국 – 스페인 – 독일
③ 일본 – 독일 – 중국 – 스페인
④ 스페인 – 중국 – 독일 – 일본
⑤ 일본 – 중국 – 독일 – 스페인

**20.** 다음 〈도표〉는 L상사의 8개 핵심 부서의 예산규모와 인적자원을 나타낸 것이다. 〈조건〉에서 설명하는 A~F 부서를 〈도표〉에서 찾을 때 두 번 이상 해당되는 부서는?

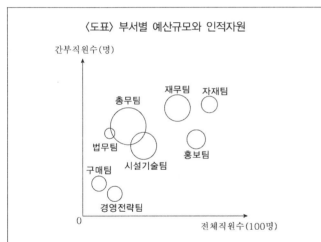

〈도표〉 부서별 예산규모와 인적자원

* 원의 면적이 넓을수록 예산규모가 큼
* 각 원의 중심 좌표는 전체직원수와 간부직원수를 각각 나타냄

〈조건〉
㉠ 전체 직원이 가장 많은 부서와 가장 적은 부서는 각각 A와 B이다.
㉡ 예산규모가 가장 큰 부서와 가장 작은 부서는 각각 C와 D이다.
㉢ 전체 직원수 대비 간부직원수의 비율이 가장 높은 부서와 가장 낮은 부서는 각각 E와 F이다.

① 자재팀
② 총무팀
③ 법무팀
④ 구매팀
⑤ 홍보팀

**▌21~23▐** 다음 짝지어진 단어 사이의 관계가 나머지와 다른 하나를 고르시오.

**21.**
① 입동 – 소설 – 대설
② 칠순 – 희수 – 산수
③ 여름 – 가을 – 겨울
④ 월요일 – 화요일 – 수요일
⑤ 정묘 – 무진 – 기사

**22.**
① 사면초가 – 진퇴양난
② 경거망동 – 삼복백규
③ 백골난망 – 결초보은
④ 호사다마 – 새옹지마
⑤ 반포지효 – 혼정신성

**23.**
① 아버지 – 가친
② 어머니 – 자당
③ 아버지 – 춘부장
④ 어머니 – 모주
⑤ 딸 – 영애

**▌24~25▐** 제시된 단어와 같은 관계가 되도록 빈칸에 들어갈 가장 적절한 단어를 고르시오.

**24.**

| 일본 : 엔 = 태국 : ( ) |
|---|

① 달러
② 바트
③ 위안
④ 리라
⑤ 파운드

## 25.

| 가결(可決) : 부결(否決) = 좌절(挫折) : ( ) |
|---|

① 관철(貫徹)  　　　② 경박(輕薄)

③ 중후(重厚)  　　　④ 겸손(謙遜)

⑤ 방임(放任)

**┃26~28┃ 다음의 사실이 전부 참일 때 항상 참인 것을 고르시오.**

## 26.

• A마을에 사는 어떤 사람은 채식주의자이다.
• A마을에 사는 어떤 사람도 농사를 짓지 않는 사람은 없다.

① A마을에 사는 모든 사람은 채식주의자이다.

② 농사를 짓는 모든 사람은 채식주의자이다.

③ 농사를 짓는 어떤 사람은 채식주의자이다.

④ A마을에 사는 어떤 사람은 농사를 짓지 않는다.

⑤ 채식주의자는 모두 농사를 짓는다.

## 27.

• 운동을 좋아하지 않는 사람은 영화보기를 좋아한다.
• 운동을 좋아하는 사람은 축구 또는 농구를 좋아한다.

① 축구 또는 농구를 좋아하지 않는 사람은 운동을 좋아하지 않는다.

② 운동을 좋아하는 사람은 영화를 좋아하지 않으며 농구를 좋아한다.

③ 축구와 농구를 좋아하는 사람은 영화를 좋아하지 않는다.

④ 영화를 좋아하지 않는 사람은 축구 또는 농구를 좋아한다.

⑤ 영화를 좋아하는 사람은 축구와 농구를 싫어한다.

## 28.

• 경제가 어려워진다면 긴축정책이 시행된다.
• 물가가 오른다면 긴축정책을 시행하지 않는다.
• 경제가 어려워지거나 부동산이 폭락한다.
• 부동산이 폭락한 것은 아니다.

① 물가가 오른다.

② 경제가 어렵지 않다.

③ 물가가 오르지 않는다.

④ 긴축정책을 하지 않는다.

⑤ 부동산은 폭락할 수 있다.

## 29. 다음 내용을 근거로 판단할 때 참말을 한 사람은 누구인가?

　　A 동아리 학생 5명은 각각 B 동아리 학생들과 30회씩 가위바위보 게임을 하였다. 각 게임에서 이길 경우 5점, 비길 경우 1점, 질 경우 −1점을 받는다. 게임이 모두 끝나자 A 동아리 학생 5명은 자신들이 얻은 합산 점수를 다음과 같이 말하였다.

갑 : 내 점수는 148점이다.
을 : 내 점수는 145점이다.
병 : 내 점수는 143점이다.
정 : 내 점수는 140점이다.
무 : 내 점수는 139점이다.

이들 중 한 명만 참말을 하고 있다.

① 갑  　　　② 을

③ 병  　　　④ 정

⑤ 무

**30.** 다음 글을 근거로 판단할 때, 김 과장이 단식을 시작한 첫 주 월요일부터 일요일까지 한 끼만 먹은 요일(끼니때)은?

김 과장은 건강상의 이유로 간헐적 단식을 시작하기로 했다. 김 과장이 선택한 간헐적 단식 방법은 월요일부터 일요일까지 일주일 중에 2일을 선택하여 아침 혹은 저녁 한 끼 식사만 하는 것이다. 단, 단식을 하는 날 전후로 각각 최소 2일간은 정상적으로 세 끼 식사를 하고, 업무상의 식사 약속을 고려하여 단식일과 방법을 유동적으로 결정하기로 했다. 또한 단식을 하는 날 이외에는 항상 세 끼 식사를 한다.

간헐적 단식 2주째인 김 과장은 그동안 단식을 했던 날짜를 기록해두기 위해 아래와 같이 최근 식사와 관련된 기억을 떠올렸다.

- 2주차 월요일에는 단식을 했다.
- 지난주에 먹은 아침식사 횟수와 저녁식사 횟수가 같다.
- 지난주 월요일, 수요일, 금요일에는 조찬회의에 참석하여 아침식사를 했다.
- 지난주 목요일에는 업무약속이 있어서 점심식사를 했다.

① 월요일(저녁), 목요일(저녁)
② 화요일(아침), 금요일(아침)
③ 화요일(아침), 금요일(저녁)
④ 화요일(저녁), 금요일(아침)
⑤ 수요일(아침), 금요일(아침)

**|31~34|** 주어진 결론을 반드시 참으로 하는 전제를 고르시오.

**31.**

전제1 : 모든 실력 있는 사람은 논쟁을 두려워하지 않는다.
전제2 : _____
결론 : 궤변론자들은 실력 있는 사람이 아니다.

① 어떤 실력 있는 사람은 궤변론자이다.
② 어떤 궤변론자는 실력 있는 사람이다.
③ 논쟁을 두려워하지 않는 사람은 궤변론자가 아니다.
④ 어떤 궤변론자는 논쟁을 두려워하지 않는다.
⑤ 모든 궤변론자는 논쟁을 두려워하지 않는다.

**32.**

전제1 : 어떤 사원은 업무능력이 좋다.
전제2 : _____
결론 : 직무교육을 받은 어떤 사원은 업무능력이 좋다.

① 어떤 사원은 직무교육을 받는다.
② 모든 사원은 업무능력이 좋다.
③ 모든 사원은 직무교육을 받는다.
④ 어떤 사원은 업무능력이 좋지 않다.
⑤ 모든 사원은 직무교육을 받지 않는다.

**33.**

전제1 : 죽는 것은 살아있는 생물이다.
전제2 : _____
결론 : 돌은 죽지 않는다.

① 살아있지 않는 것은 무생물이다.
② 무생물은 죽지 않는다.
③ 살아있는 생물은 돌이 아니다.
④ 돌은 살아있는 생물이다.
⑤ 돌이 아닌 것은 살아있는 생물이 아니다.

**34.**

전제1 : 영희를 좋아하는 어떤 사람은 분홍색을 좋아한다.
전제2 : _____
결론 : 낭만적이지 않은 어떤 사람은 분홍색을 좋아한다.

① 영희를 좋아하는 모든 사람은 낭만적이지 않다.
② 영희를 좋아하는 어떤 사람은 낭만적이지 않다.
③ 영희를 좋아하는 모든 사람은 분홍색을 좋아한다.
④ 영희를 좋아하는 어떤 사람은 분홍색을 좋아하지 않는다.
⑤ 영희를 좋아하는 어떤 사람은 낭만적이지 않고 분홍색을 좋아하지 않는다.

**35.** A, B, C, D, E의 다섯 가족이 같은 골목에 살고 있으며 각 가족의 집은 다음과 같다. 이를 토대로 가장 처음에 있는 집을 고르면?

> • D의 집과 E의 집은 A의 집의 왼쪽에 있다.
> • C의 집이 가장 처음은 아니다.
> • C의 집은 D의 집의 왼쪽에 있다.
> • A의 집은 B의 집의 바로 오른쪽에 있다.

① A  
② B  
③ C  
④ D  
⑤ E

**┃36~37┃** 갑동과 을숙, 병식, 정무 네 사람은 서로 이웃한 빨간 집, 노란 집, 초록 집, 파란 집(집의 배열순서는 이와 같지 않다.)에 살고 있고, 사무직, 기술직, 서비스직, 영업직에 종사하고 있으며, 서로 다른 애완동물을 키운다. 알려진 정보가 다음과 같을 때, 주어진 물음에 답하시오.

> ㉠ 을숙이는 빨간 집에 산다.
> ㉡ 정무는 기술직에 종사한다.
> ㉢ 초록 집 사람은 사무직에 종사한다.
> ㉣ 영업직에 종사하는 사람은 새를 기른다.
> ㉤ 노란 집 사람은 고양이를 키운다.
> ㉥ 오른쪽 두 번째 집에 사는 사람은 영업직에 종사한다.
> ㉦ 갑동이는 왼쪽 첫 번째 집에 산다.
> ㉧ 강아지를 기르는 사람은 고양이를 기르는 사람 옆집에 산다.
> ㉨ 갑동이는 파란 집 옆집에 산다.

**36.** 네 사람 중 한 사람은 거북이를 키운다면, 거북이를 키우는 사람의 직업은 무엇인가?

① 사무직  
② 기술직  
③ 서비스직  
④ 영업직  
⑤ 알 수 없음

**37.** 다음 중 직업이 바르게 짝지어진 것은 무엇인가?

① 갑동 – 사무직  
② 갑동 – 영업직  
③ 을숙 – 영업직  
④ 을숙 – 서비스직  
⑤ 병식 – 서비스직

**38.** 어느 농촌 마을에 참외가 사라지는 사건이 발생했다. 두 명은 거짓을 이야기하고, 세 명은 진실을 이야기하고 있다면 참외를 훔쳐간 범인은 누구인가?

> A : 나는 참외도둑이 참외를 훔쳐갈 때, C와 함께 참외밭이 아닌 다른 장소에 있었다.
> B : 나와 C, 그리고 E는 범인을 보았다.
> C : E가 참외를 훔쳤다. B의 말은 진실이다.
> D : B는 범인이 아니다. A의 말은 진실이다.
> E : 참외를 훔쳐가는 범인을 본 사람은 2명이다.

① A  
② B  
③ C  
④ D  
⑤ E

**39.** 직원 7명이 교육을 받으려고 한다. 교육실에서 좌석의 조건이 다음과 같을 때 첫 줄에 앉은 직원 중 빈자리 바로 옆 자리에 배정받을 수 있는 사람은?

| 첫 줄 | (1) | (2) | (3) |
|---|---|---|---|
| 중간 줄 | (4) | (5) | (6) |
| 마지막 줄 | (7) | (8) | (9) |

> • 직원은 태연, 윤아, 솔지, 유나, 예원, 봉선, 영미 7명이다.
> • 서로 같은 줄에 있는 사람만 옆 자리일 수 있다.
> • 솔지의 자리는 유나의 옆 자리인 동시에 비어있는 자리의 옆이다.
> • 영미와 예원은 같은 줄의 좌석에 배정받았다.
> • 봉선의 자리는 마지막 줄에 있다.
> • 태연의 자리는 유나의 바로 앞자리이다.
> • 태연의 옆 자리에 예원이나 영미 그 누구도 배정받지 않았다.

① 윤아  
② 솔지  
③ 영미  
④ 예원  
⑤ 봉선

**40.** 다음 〈조건〉과 〈정보〉를 근거로 판단할 때, 곶감의 위치와 착한 호랑이, 나쁜 호랑이의 조합으로 가능한 것은?

〈조건〉
- 착한 호랑이는 2마리이고, 나쁜 호랑이는 3마리로 총 5마리의 호랑이(甲~戊)가 있다.
- 착한 호랑이는 참말만 하고, 나쁜 호랑이는 거짓말만 한다.
- 곶감은 꿀단지, 아궁이, 소쿠리 중 한 곳에만 있다.

〈정보〉
甲 : 곶감은 아궁이에 있지.
乙 : 여기서 나만 곶감의 위치를 알아.
丙 : 甲은 나쁜 호랑이야.
丁 : 나는 곶감이 어디 있는지 알지.
戊 : 곶감은 꿀단지에 있어.

| | 곶감의 위치 | 착한 호랑이 | 나쁜 호랑이 |
|---|---|---|---|
| ① | 꿀단지 | 戊 | 丙 |
| ② | 소쿠리 | 丁 | 乙 |
| ③ | 소쿠리 | 乙 | 丙 |
| ④ | 아궁이 | 丙 | 戊 |
| ⑤ | 아궁이 | 甲 | 丁 |

**41.** 전무, 상무, 부장, 차장, 과장, 대리 6명은 다음 주부터 6주의 기간 동안 모두 휴가를 2주씩 간다. 다음 제시된 내용을 고려했을 때, 항상 거짓인 것은?

- 과장과 대리는 휴가를 동시에 시작하며 전무, 상무와 휴가 기간이 1주씩 겹친다.
- 전무는 1주차와 6주차에 휴가를 갈 수 없다.
- 차장이 휴가를 다녀오면 6주의 휴가기간이 끝난다.
- 상무가 휴가를 다녀온 후 전무가 휴가를 떠난다.

① 아무도 휴가를 안 가는 주는 없다.
② 3주차는 휴가 인원이 가장 많은 주다.
③ 상무는 2주차에 항상 휴가 중이다.
④ 부장은 다른 사람들과 휴가 기간이 겹친다.
⑤ 차장과 대리의 휴가가 겹칠 수 있다.

**42.** 그래는 입사 전 유럽여행을 떠나려 한다. 다음 제시된 〈일정〉들이 모두 참이라고 할 때 그래가 여행하게 될 국가들은?

〈일정〉
㉠ 그래가 가장 먼저 여행할 나라는 영국이다.
㉡ 그래가 프랑스에 간다면 영국에는 가지 않는다.
㉢ 그래는 프랑스에 가거나 독일에 간다.
㉣ 그래가 스위스에 가지 않는다면 독일에도 가지 않는다.
㉤ 그래는 독일에 가고 이탈리아에 간다.

① 영국, 프랑스
② 영국, 독일, 이탈리아
③ 영국, 독일, 스위스, 이탈리아
④ 영국, 프랑스, 스위스, 이탈리아
⑤ 영국, 프랑스, 독일, 스위스, 이탈리아

**43.** 다음 상황에서 옳은 것은?

원주민과 이주민이 섞여서 살고 있는 어떤 마을에 여행객이 찾아왔다. 원주민은 항상 진실만을 말하고, 이주민은 항상 거짓만을 말한다고 한다. 여행객이 젊은이에게 "당신은 원주민입니까?"라고 물었을 때 젊은이는 자신이 원주민이 맞다고 대답했다. 그러자 옆에 있던 노파가 젊은이는 거짓말을 하고 있다고 말했고, 모자를 쓴 할아버지는 노파의 말이 맞다고 이야기 했다.

① 젊은이와 노파, 할아버지 중 한 명만 원주민이라면 원주민은 노파이다.
② 노파가 원주민이면 할아버지는 이주민이다.
③ 젊은이와 노파, 할아버지는 모두 원주민이다.
④ 노파와 할아버지는 둘 다 원주민이거나 이주민이다.
⑤ 젊은이와 노파, 할아버지 중 두 명이 이주민이다.

## 44.

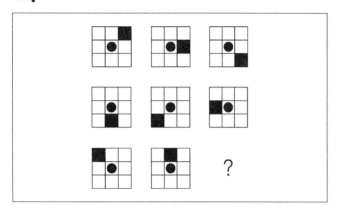

①    ②

③    ④

⑤

## 45.

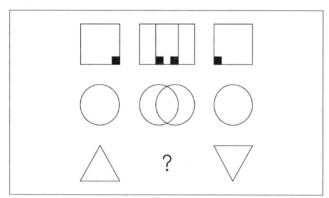

①    ②

③    ④

⑤

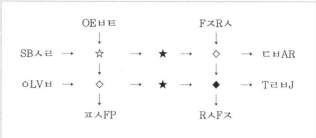

## 46.

츠ㅎHP→ ★ → ◇ →?

① ㅋㄱIQ                ② IQㅋㄱ
③ NFㅌㅇ               ④ ㅌㅇNF
⑤ ㅇㅌFN

## 47.

UKㄱ츠→◆→☆→?

① LVㅋㄴ               ② VLㄴㅋ
③ SIㅍㅇ                ④ ISㅇㅍ
⑤ ㅇㅍIS

## 48.

ㅁHㄷI→☆→◆→★→?

① IㅂJㄹ                ② JㄹㅂI
③ GㄹHㄴ               ④ HㄴㄹG
⑤ ㅇKㅂL

▌49~50▐ 다음 제시된 도식기호들(★●□○)은 일정한 규칙에 따라 문자들을 변화시킨다. 각 물음에 따라 "?"에 들어갈 것을 고르시오.

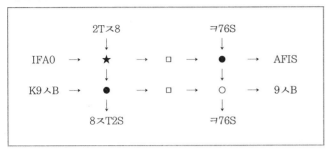

## 49.

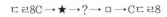

ㄷㄹ8C → ★ → ? → □ → Cㄷㄹ8

① ★                    ② ●

③ □                    ④ ○

⑤ 없음

## 50.

23Tㅁ → ? → ○ → ● → 2T3ㅁ

① ★                    ② ●

③ □                    ④ ○

⑤ 없음

# 삼성전자

## GSAT 삼성직무적성검사

## 모의고사

| | 영 역 | 수리영역, 추리영역 |
|---|---|---|
| 제 4 회 | 문항수 | 50문항 |
| | 시 간 | 60분 |
| | 비 고 | 객관식 5지선다형 |

SEOWONGAK
(주)서원각

# 제 4 회 GSAT 직무적성검사

✏ 수리영역(20문항 /30분)

**1.** 일정한 속력으로 달리는 기차가 5,800m 길이의 터널을 완전히 통과하는데 2분이 걸리고 4,300m 길이의 다리를 완전히 통과하는데 1분 30초가 걸린다고 한다. 이 기차의 길이는?

① 100m      ② 120m

③ 150m      ④ 180m

⑤ 200m

**2.** 어떤 사람의 30분 동안 평균 시속은 20km다. 이 사람이 10분 동안 시속 8km, 그 후 5분은 시속 15km로 달렸다면 마지막 남은 시간동안은 달린 속력은?(소수점 둘째자리에서 반올림하시오.)

① 29.6m/m      ② 29.7m/m

③ 29.6km/h      ④ 29.7km/h

⑤ 29.8km/h

**3.** 비커 A, B, C에 담겨있는 소금물의 농도를 측정하였다. A비커의 농도는 B비커의 농도보다 20% 높았고, C비커의 농도는 A비커 농도의 2배에서 B비커 농도를 뺀 값의 80%에 해당하였다. 각 비커의 농도를 비교한 것 중 옳은 것은?

① A > C > B      ② A > B > C

③ C > B > A      ④ B > A > C

⑤ C > A > B

**4.** 소금 40g으로 5%의 소금물을 만들었다. 이 소금물에 새로운 소금물을 40g을 넣었더니 농도가 7%가 되었다. 이때 넣은 소금물의 농도는?

① 41%      ② 43%

③ 45%      ④ 47%

⑤ 49%

**5.** 승민이는 가지고 있던 돈의 25%로 책을 사고 나머지의 40%로 학용품을 샀다. 학용품이 책보다 500원이 더 비싸다면 승민이가 처음 가지고 있던 돈은 얼마인가?

① 9,000원      ② 10,000원

③ 11,000원      ④ 12,000원

⑤ 13,000원

**6.** 원가 150원의 상품을 200개 사들이고 4할 이익이 남게 정가를 정하여 판매하였지만 그 중 50개가 남았다. 팔다 남은 상품을 정가의 2할 할인으로 전부 팔았다면 이익의 총액은 얼마인가?

① 9,900원      ② 10,000원

③ 11,000원      ④ 11,200원

⑤ 13,000원

**7.** 어떤 논의 벼를 모두 베는 데 A 혼자서는 3시간, B 혼자서는 6시간 걸린다. A, B 둘이 함께 벼를 벤다면 몇 시간이 걸리는가?

① 1시간      ② 1시간 30분

③ 2시간      ④ 2시간 30분

⑤ 3시간

**8.** 어떤 제품 100개를 제조하는데 A는 6시간, B는 9시간이 걸린다. 이들이 함께 일을 하면 각각 원래 능력의 20%를 잃게 된다. 이들이 함께 제품 100개를 제조하는데 걸리는 시간은?

① 4시간      ② 4시간 반

③ 5시간      ④ 5시간 반

⑤ 6시간

**9.** 서로 다른 주사위 2개를 던졌다. 이 때 나온 수가 다른 주사위 수의 약수일 확률은?

① $\frac{11}{18}$  　　　　② $\frac{7}{18}$

③ $\frac{2}{9}$  　　　　④ $\frac{7}{9}$

⑤ $\frac{11}{12}$

**10.** A는 B보다 2살 많고, C는 B보다 5살 적다. 세 명의 평균 나이는 21살이다. C의 나이는?

① 16살  　　　　② 17살

③ 18살  　　　　④ 19살

⑤ 20살

**11.** 표는 신문을 본다고 응답한 인구 비율을 나타낸 것이다. 이에 대한 옳은 분석을 〈보기〉에서 고른 것은?

(단위 : %)

| 구분 | | 신문을 본다고 응답한 인구 비율 | 일반 신문 | 인터넷 신문 |
|---|---|---|---|---|
| 2015년 | 전체 | 75.6 | 67.8 | 77.9 |
| 2017년 | 남자 | 79.5 | 61.9 | 80.6 |
| | 여자 | 65.8 | 50.0 | 82.5 |

※ 2017년 조사 대상 남녀의 수는 동일함.

〈보기〉
㉠ 2015년에 신문을 본다고 응답한 인구 중에서 일반 신문과 인터넷 신문을 모두 본다고 응답한 비율은 최소 67.8%이다.
㉡ 2017년에 신문을 본다고 응답한 인구수는 2015년에 비해 적다.
㉢ 2017년의 경우 인터넷 신문을 본다고 응답한 인구수는 남자가 여자보다 많다.
㉣ 2015년과 2017년 모두에서 인터넷 신문을 본다고 응답한 인구수가 일반 신문을 본다고 응답한 인구수보다 많다.

① ㉠, ㉡
② ㉠, ㉢
③ ㉡, ㉢
④ ㉡, ㉣
⑤ ㉢, ㉣

**12.** 다음은 한국과 미국의 전체 서비스업에서 차지하는 업종별 비중을 나타낸 자료이다. 이 자료에 대한 해석으로 옳지 않은 것은?

전체 서비스업에서 차지하는 업종별 비중

(단위 : %)

| 구분 | 종사자 수 | | 부가 가치 생산액 | |
|---|---|---|---|---|
| | 한국 | 미국 | 한국 | 미국 |
| 도 · 소매업 | 23.5 | 18.3 | 12.3 | 15.8 |
| 음식 · 숙박업 | 13.1 | 9.3 | 4.5 | 3.5 |
| 운수 · 창고 · 통신업 | 9.6 | 5.7 | 12.5 | 7.6 |
| 금융 · 보험업 | 5.2 | 5.1 | 15.4 | 10.2 |
| 부동산 · 사업 서비스업 | 15.0 | 18.2 | 22.2 | 32.1 |
| 보건 · 사회 서비스업 | 4.8 | 13.2 | 6.2 | 8.9 |
| 교육 서비스업 | 10.8 | 10.5 | 10.3 | 6.5 |
| 기타 | 18.0 | 19.7 | 16.6 | 15.4 |

① 한국은 음식 · 숙박업의 종사자당 부가 가치 생산액이 가장 적다.
② 한국과 미국 간 종사자 수 비중 격차는 도 · 소매업이 가장 크다.
③ 한국과 미국 모두 금융 · 보험업의 종사자당 부가 가치 생산액이 가장 많다.
④ 한국과 미국 모두 생산자 서비스업은 종사자 수 비중보다 부가 가치 생산액 비중이 높다.
⑤ 한국은 미국보다 운수 · 창고 · 통신업의 종사자 수 비중과 부가 가치 생산액 비중이 모두 높다.

**13.** 다음은 1977년부터 2057년까지 10년을 주기로 있었던 또는 예상되는 출생아수와 사망자수에 대한 그래프이다. 다음을 바르게 분석한 것은?

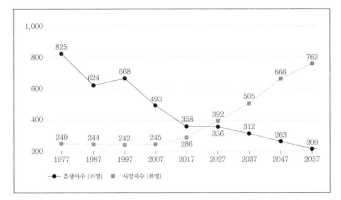

① 출생아수와 사망자수는 각각 계속 증가·감소하고 있다.
② 10년전 대비 출생아수의 변화율이 가장 큰 것은 2007년이다.
③ 사망자수와 출생아수가 동일한 해는 2027년이다.
④ 1997년과 2057년의 출생아수와 사망자수의 비율은 3:1로 동일하다.
⑤ 2057년의 사망자수는 80년 전에 비해 약 3배 증가하였다.

**14.** 다음은 서울 시민의 '이웃에 대한 신뢰도'를 나타낸 자료이다. 다음 자료를 올바르게 분석하지 못한 것은?

(단위 : %, 10점 만점)

| 구분 | | 신뢰하지 않음 | 보통 | 신뢰함 | 평균 (10점) |
|---|---|---|---|---|---|
| 전체 | | 18.9 | 41.1 | 40.0 | 5.54 |
| 성 | 남성 | 18.5 | 42.2 | 39.3 | 5.54 |
| | 여성 | 19.2 | 40.1 | 40.7 | 5.54 |
| 연령 | 10대 | 22.6 | 38.9 | 38.5 | 5.41 |
| | 20대 | 21.8 | 41.6 | 36.5 | 5.35 |
| | 30대 | 18.9 | 42.8 | 38.2 | 5.48 |
| | 40대 | 18.8 | 42.4 | 38.8 | 5.51 |
| | 50대 | 17.0 | 42.0 | 41.1 | 5.65 |
| | 60세 이상 | 17.2 | 38.2 | 44.6 | 5.70 |

① 서울 시민 10명 중 4명은 이웃을 신뢰한다.
② 이웃을 신뢰하는 사람의 비중과 평점의 연령별 증감 추이는 동일하지 않다.
③ 20대 이후 연령층에서는 고령자일수록 이웃을 신뢰하는 사람의 비중이 더 높다.
④ 남성과 여성은 같은 평점을 주었으나, 이웃을 신뢰하는 사람의 비중은 남성이 1%p 이상 낮다.
⑤ 이웃을 신뢰하지 않는 사람의 비중은 10대에서 가장 높게 나타나고 있다.

**15.** 다음에 제시된 도시철도운영기관별 교통약자 편의시설에 대한 도표를 참고할 때, 도표의 내용을 올바르게 이해한 것은? (단, 한 역에는 한 종류의 편의시설만 설치된다)

| 구분 | A도시철도 운영기관 | | B도시철도 운영기관 | | C도시철도 운영기관 | |
|---|---|---|---|---|---|---|
| | 설치 역수 | 설치 대수 | 설치 역수 | 설치 대수 | 설치 역수 | 설치 대수 |
| 엘리베이터 | 116 | 334 | 153 | 460 | 95 | 265 |
| 에스컬레이터 | 96 | 508 | 143 | 742 | 92 | 455 |
| 휠체어리프트 | 28 | 53 | 53 | 127 | 50 | 135 |

① B도시철도운영기관은 모든 종류의 교통약자 편의시설의 개수가 A, C도시철도운영기관보다 많다.
② 세 도시철도운영기관의 평균 휠체어리프트 설치 대수는 100개 미만이다.
③ 총 교통약자 편의시설의 설치 역당 설치 대수는 A도시철도운영기관이 가장 많다.
④ C도시철도운영기관의 교통약자 편의시설 중, 설치 역당 설치 대수는 엘리베이터가 가장 많다.
⑤ 휠체어리프트의 설치 역당 설치 대수는 C도시철도운영기관이 가장 많다.

**∎16~17∎** 다음은 S연구소의 부서별 예산 및 인원에 관한 자료이다. 이 자료를 보고 물음에 답하시오.

부서별 항목별 예산 내역

(단위 : 만 원)

| 부서 | 항목 | | | |
|---|---|---|---|---|
| | 인건비 | 기본 경비 | 사업비 | 소계 |
| A | 49,560 | 309,617 | 23,014,430 | 23,373,607 |
| B | 7,720 | 34,930 | 7,667,570 | 7,710,220 |
| C | 7,420 | 31,804 | 2,850,390 | 2,889,614 |
| D | 7,420 | 24,050 | 8,419,937 | 8,451,407 |
| E | 6,220 | 22,992 | 2,042,687 | 2,071,899 |
| F | 4,237,532 | 865,957 | 9,287,987 | 14,391,476 |

부서별 직종별 인원

(단위 : 명)

| 부서 | 정·현원 | | 직종별 현원 | | | | |
|---|---|---|---|---|---|---|---|
| | 정원 | 현원 | 일반직 | 별정직 | 개방형 | 계약직 | 기능직 |
| A | 49 | 47 | 35 | 3 | 1 | 4 | 4 |
| B | 32 | 34 | 25 | 0 | 1 | 6 | 2 |
| C | 18 | 18 | 14 | 0 | 0 | 2 | 2 |
| D | 31 | 29 | 23 | 0 | 0 | 0 | 6 |
| E | 15 | 16 | 14 | 0 | 0 | 1 | 1 |
| F | 75 | 72 | 38 | 1 | 0 | 8 | 25 |
| 계 | 220 | 216 | 149 | 4 | 2 | 21 | 40 |

## 16. 다음 설명 중 옳지 않은 것은?

① 부서별 항목별 예산 내역이 10,000,000(만 원) 이상인 부서는 총 3개이다.

② 부서별 기본 경비의 총 합은 2,000,000(만 원)을 넘지 않는다.

③ 사업비가 7,000,000(만 원) 이하인 부서는 총 2개이다.

④ 인건비가 가장 높은 부서는 기본 경비도 가장 높다.

⑤ 3가지 예산 항목 중 사업비 비중이 가장 낮은 부서는 존재하지 않는다.

## 17. 다음 빈칸에 들어갈 값으로 적절한 것은?

S연구소의 부서별 직종별 인원은 정원 220명, 현원 216명이다. 직종별 현원 중 가장 비중이 높은 직종은 ( ㉠ )으로 총 149명을 기록했다. 두 번째로 비중이 높은 직종은 40명을 기록했고, 세 번째로 비중이 높은 직종은 21명을 기록했다. 네 번째로 비중이 높은 직종은 ( ㉡ )명을 기록했으며, 가장 비중이 낮은 직종은 2명을 기록했다.

|  | ㉠ | ㉡ |
|---|---|---|
| ① | 기능직 | 6 |
| ② | 계약직 | 5 |
| ③ | 일반직 | 4 |
| ④ | 개방형 | 3 |
| ⑤ | 별정직 | 2 |

## 18. 다음은 어느 국가의 성별 흡연율과 금연계획률에 관한 자료이다. 이에 대한 설명으로 옳은 것은?

<표 1> 성별 흡연율(%)

| 구분 | 2013 | 2014 | 2015 | 2016 | 2017 | 2018 | 2019 |
|---|---|---|---|---|---|---|---|
| 남성 | 45.0 | 47.7 | 46.9 | 48.3 | 47.3 | 43.7 | 42.1 |
| 여성 | 5.3 | 7.4 | 7.1 | 6.3 | 6.8 | 7.9 | 6.1 |
| 전체 | 20.6 | 23.5 | 23.7 | 24.6 | 25.2 | 24.9 | 24.1 |

<표 2> 금연계획률(%)

| 구분 | 2013 | 2014 | 2015 | 2016 | 2017 | 2018 | 2019 |
|---|---|---|---|---|---|---|---|
| 금연계획률 | 59.8 | ( ) | 57.4 | 53.5 | ( ) | 55.2 | 56.5 |
| 단기 | 19.4 | 17.7 | 18.2 | 20.8 | 20.2 | 19.6 | 19.3 |
| 장기 | 40.4 | 39.2 | ( ) | 32.7 | 36.1 | 35.6 | 37.2 |

$$※ \ 흡연율 = \frac{흡연자 \ 수}{인구 \ 수} \times 100$$

$$※ \ 금연계획률 = \frac{금연계획자 \ 수}{흡연자 \ 수} \times 100$$
$$= 단기 \ 금연계획률 + 장기 \ 금연계획률$$

① 금연계획률은 매년 50% 이상이다.

② 2015년 장기 금연계획률은 전년에 비해 증가하였다.

③ 2017년의 금연계획률은 55.3이다.

④ 매년 전체 흡연율은 증가하고 있다.

⑤ 매년 남성 흡연율은 여성 흡연율의 7배 이상이다.

| 19 ~ 20 | 다음은 A, B 두 경쟁회사의 판매 제품별 시장 내에서의 기대 수익을 표로 나타낸 자료이다. 이를 보고 물음에 답하시오.

### 판매 제품별 수익체계

| A회사 | | B회사 | | |
|---|---|---|---|---|
| | | X제품 | Y제품 | Z제품 |
| | P 제품 | (4, −3) | (5, −1) | (−2, 5) |
| | Q 제품 | (−1, −2) | (3, 4) | (−1, 7) |
| | R 제품 | (−3, 5) | (11, −3) | (8, −2) |

- 괄호 안의 숫자는 A회사와 B회사의 제품으로 얻는 수익(억 원)을 뜻한다.(A회사 월 수익 액, B회사의 월 수익 액)
- ex) A회사가 P제품을 판매하고 B회사가 X제품을 판매하였을 때 A회사의 월 수익 액은 4억 원이고, B회사의 월 수익 액은 −3억 원이다.

### B회사의 분기별 수익체계 증감 분포

| | 1분기 | 2분기 | 3분기 | 4분기 |
|---|---|---|---|---|
| X제품 | 0% | 30% | 20% | −50% |
| Y제품 | 50% | 0% | −30% | 0% |
| Z제품 | −50% | −20% | 50% | 20% |

- 제품별로 분기에 따른 수익의 증감률을 의미한다.
- 50% : 월 수익에서 50% 증가, 월 손해에서 50% 감소
- −50% : 월 수익에서 50% 감소, 월 손해에서 50% 증가

**19.** 다음 자료를 참고할 때, A회사와 B회사의 수익의 합이 가장 클 경우는 양사가 각각 어느 제품을 판매하였을 때인가? (단, 판매 시기는 고려하지 않음)

① A회사: Q제품, B회사: X제품
② A회사: Q제품, B회사: Y제품
③ A회사: P제품, B회사: Z제품
④ A회사: P제품, B회사: X제품
⑤ A회사: R제품, B회사: Y제품

**20.** 다음 중 3분기의 양사의 수익 변동에 대한 설명으로 옳은 것은? (A회사의 3분기 수익은 월 평균 수익과 동일하다.)

① 두 회사의 수익의 합이 가장 커지는 제품의 조합은 변하지 않는다.
② X제품은 P제품과 판매하였을 때의 수익이 가장 많다.
③ 두 회사의 수익의 합이 가장 적은 제품의 조합은 Q제품과 X제품이다.
④ 3분기의 수익액 합이 가장 큰 B회사의 제품은 Y제품이다.
⑤ 3분기에는 B회사가 Y제품을 판매할 때의 양사의 수익액 합의 총합이 가장 크다.

**┃21~23┃** 다음 짝지어진 단어 사이의 관계가 나머지와 다른 하나를 고르시오.

## 21.

① 가재 – 갑각류  ② 지리학 – 학문
③ 탁구 – 운동  ④ 기린 – 동물
⑤ 실로폰 – 장구

## 22.

① 명석 – 총명  ② 독점 – 점유
③ 나태 – 태만  ④ 개연 – 필연
⑤ 동의 – 찬성

## 23.

① 슬픔 – 기쁨  ② 이상 – 이데아
③ 아날로그 – 디지털  ④ 생물 – 무생물
⑤ 증진 – 감퇴

**┃24~26┃** 제시된 단어와 같은 관계가 되도록 빈칸에 들어갈 가장 적절한 단어를 고르시오.

## 24.

| 미쁘다 : 믿음성이 있다 = ( ) : 바람이 없는 날 가늘고 성기게 조용히 내리는 비 |
| --- |

① 보슬비  ② 먼지잼
③ 여우비  ④ 잠비
⑤ 비꽃

## 25.

| 명태 : ( ) = 호랑이 : 개호주 |
| --- |

① 황태  ② 노가리
③ 북어  ④ 동태
⑤ 코다리

## 26.

| 이슬 : 눈물 = 용(龍) : ( ) |
| --- |

① 산  ② 세상
③ 임금  ④ 동물
⑤ 호랑이

**27.** 사과, 배, 딸기, 오렌지, 귤 등 다섯 가지 상품만을 파는 과일 가게가 있다. 가게 주인은 다음과 같은 조건을 걸고 이를 만족하는 손님에게만 물건을 팔았는데, 한 손님이 이 조건을 만족해 물건을 구입해 갔다. 이 손님이 구입한 상품으로 가능한 것은?

| • 오렌지와 귤 중 한 가지를 반드시 사야 한다.<br>• 배와 딸기 중에서는 한 가지밖에 살 수 없다.<br>• 딸기와 오렌지를 사려면 둘 다 사야 한다.<br>• 귤을 사려면 사과와 오렌지도 반드시 사야 한다. |
| --- |

① 오렌지, 귤

② 배, 딸기

③ 딸기, 오렌지

④ 사과, 딸기, 귤

⑤ 사과, 배, 귤

**28.**

> • 모든 글쟁이는 안경을 쓴다.
> • 안경을 쓴 어떤 사람은 머리가 좋다.

① 안경을 쓴 모든 사람은 글쟁이다.
② 안경을 쓴 모든 사람은 머리가 좋다.
③ 안경을 쓰지 않은 사람은 글쟁이가 아니다.
④ 안경을 쓰지 않은 사람은 머리가 좋지 않다.
⑤ 머리가 좋지 않은 사람은 안경을 쓰지 않았다.

**29.**

> • A는 수영을 못하지만 B보다 달리기를 잘한다.
> • B는 C보다 수영을 잘한다.
> • D는 C보다 수영을 못하지만 A보다 달리기를 잘한다.

① C는 달리기를 못한다.
② A가 수영을 가장 못한다.
③ D는 B보다 달리기를 잘한다.
④ 수영을 가장 잘하는 사람은 C이다.
⑤ D는 B보다 수영을 잘한다.

**30.**

> • 학교는 집으로부터 가장 멀리 있다.
> • 병원은 집과 학교 사이에 있다.
> • 도서관은 집으로부터 학교와 반대에 있으며 집의 왼쪽에 있다.

① 집에서 병원은 집에서 도서관까지 거리보다 멀다.
② 도서관과 병원은 다른 건물보다 가까이에 있다.
③ 집은 도서관과 병원 사이에 없다.
④ 병원은 집의 왼쪽에 위치해있다.
⑤ 도서관과 학교는 가장 거리가 멀다.

**31.** 다음 밑줄 친 부분에 들어갈 알맞은 것을 고르면?

> • 생각이 깊은 사람은 자유를 누릴 수 있다.
> • 자유를 누릴 수 없는 사람만 명예에 집착한다.
> • 명예에 집착하지 않는 사람은 자연과 함께 호흡할 수 있다.
> • 그러므로 _____

① 자연과 함께 호흡할 수 있는 사람은 명예에 집착하지 않는 사람이다.
② 생각이 깊은 사람은 자연과 함께 호흡할 수 있다.
③ 생각이 깊은 사람은 명예에 집착하는 사람이다.
④ 자유를 누릴 수 있는 사람은 자연과 함께 호흡할 수 없다.
⑤ 명예에 집착하지 않는 사람은 생각이 깊은 사람이다.

**32.** 다음의 내용을 근거로 판단할 때 옳은 내용만을 바르게 짝지은 것은?

> • 직원이 50명인 서원각은 야유회에서 경품 추첨 행사를 한다.
> • 직원들은 1명당 3장의 응모용지를 받고, 1 ~ 100 중 원하는 수 하나씩을 응모용지별로 적어서 제출한다. 한 사람당 최대 3장까지 원하는 만큼 응모할 수 있고, 모든 응모용지에 동일한 수를 적을 수 있다.
> • 사장이 1 ~ 100 중 가장 좋아하는 수 하나를 고르면 해당 수를 응모한 사람이 당첨자로 결정된다. 해당 수를 응모한 사람이 없으면 사장은 당첨자가 나올 때까지 다른 수를 고른다.
> • 당첨 선물은 사과 총 100개이고, 당첨된 응모용지가 $n$장이면 응모용지 1장당 사과를 $\frac{100}{n}$개씩 나누어 준다.
> • 만약 한 사람이 2장의 응모용지에 똑같은 수를 써서 당첨된다면 2장 몫의 사과를 받고, 3장일 경우는 3장 몫의 사과를 받는다.

> ㉠ 직원 갑과 을이 함께 당첨된다면 갑은 최대 50개의 사과를 받는다.
> ㉡ 직원 중에 갑과 을 두 명만이 사과를 받는다면 갑은 최소 25개의 사과를 받는다.
> ㉢ 당첨된 수를 응모한 직원이 갑 밖에 없다면, 갑이 그 수를 1장 써서 응모하거나 3장 써서 응모하거나 같은 개수의 사과를 받는다.

① ㉠                    ② ㉡
③ ㉠, ㉡               ④ ㉠, ㉢
⑤ ㉡, ㉢

## 33.

전제1 : 많은 연습을 하는 축구선수는 반드시 골을 넣는다.

전제2 : _____

전제3 : 팬들을 즐겁게 하지 못하는 축구선수는 좋은 축구선수가 아니다.

결론 : 많은 연습을 하는 축구선수는 팬들을 즐겁게 한다.

① 골을 넣는 모든 선수는 많은 연습을 하는 축구선수이다.

② 좋은 축구선수가 아니라면 팬들을 즐겁게 하지 못한다.

③ 골을 넣는 선수는 좋은 축구선수이다.

④ 팬을 즐겁게 하는 선수는 좋은 축구선수이다.

⑤ 좋은 축구선수는 많은 연습을 하는 선수이다.

## 34.

전제1 : 모든 사과는 유기농이다.

전제2 : _____

전재3 : 가격이 비싸지 않은 것은 화학비료를 사용한 것이다.

결론 : 유기농은 가격이 비싸다.

① 모든 사과는 가격이 비싸다.

② 화학비료를 사용한 것은 유기농이 아니다.

③ 유기농은 화학비료를 사용한 것이다.

④ 가격이 비싸지 않은 것은 사과이다.

⑤ 유기농이 아닌 것은 사과가 아니다.

## 35. 다음을 읽고 바르게 짝지어 진 것을 고르시오.

• 영희, 철수, 진하, 유리, 민수는 5층 건물의 각 층에 살고 있다.

• 영희와 진하는 홀수 층에 살고 있다.

• 철수는 영희보다 한층 아래 살고 있다.

• 유리는 한층만 걸어 올라가면 집이다.

① 5층 - 진하          ② 4층 - 철수

③ 3층 - 유리          ④ 2층 - 민수

⑤ 1층 - 영희

## 36. 다음 조건을 읽고 반드시 참이 되는 것을 고른 것은?

• A, B, C, D, E, F, G, H 8명이 놀이동산의 롤러코스터를 타는데 롤러코스터는 총 8칸으로 되어 있다.

• 각 1칸에 1명이 탈 수 있다.

• D는 반드시 4번째 칸에 타야 한다.

• B와 C는 같이 붙어 타야 한다.

• D는 H보다 뒤에 E보다는 앞쪽에 타야 한다.

① F가 D보다 앞에 탄다면 B는 F와 D 사이에 타게 된다.

② G가 D보다 뒤에 탄다면 B와 C는 D보다 앞에 타게 된다.

③ H가 두 번째 칸에 탄다면 C는 D보다 뒤에 타게 된다.

④ B가 D의 바로 뒤 칸에 탄다면 E는 맨 마지막 칸에 타게 된다.

⑤ C가 두 번째 칸에 탄다면 H는 첫 번째 칸에 탄다.

## 37. A는 곰, 사자, 학, 기린, 오리, 호랑이가 있는 동물원에 가서 동물을 구경하려고 한다. 다음과 같은 조건을 만족시키도록 한다면, A가 구경할 수 있는 동물의 조합은?

• 기린을 구경하면 총 4종류의 동물을 구경할 수 있다.

• 호랑이를 구경할 경우에만 사자를 구경할 수 있다.

• 오리를 구경하면 기린을 구경할 수 없다.

• 학을 구경하면 사자를 반드시 구경한다.

• 호랑이를 구경하면 오리를 구경할 수 없다.

① 곰, 사자, 기린, 호랑이

② 곰, 학, 기린, 오리

③ 곰, 사자, 학

④ 사자, 호랑이, 오리

⑤ 학, 오리, 호랑이

**38.** 대통령이 해외 순방을 하려고 하는데 다음의 규칙에 따라 한다고 할 때, 네 번째로 방문하는 나라는 어디인가?

- 이번 해외순방 동안 총 6개 나라를 방문한다.
- 가장 먼저 방문하는 나라는 아프리카에 있다.
- 같은 대륙에 속하는 나라는 연달아 방문한다.
- 미국은 중국보다 먼저 방문한다.
- 이번 순방 중에 프랑스와 영국을 방문한다.
- 일본은 세 번째로 방문한다.

① 미국          ② 중국
③ 일본          ④ 영국
⑤ 프랑스

**39.** A, B, C는 임의의 순서로 나란히 이웃한 놀이동산, 영화관, 카페에 자가용, 지하철, 버스를 이용하여 갔다. 다음과 같은 조건을 만족한다면 다음 중 옳은 것은?

- 가운데에 위치한 곳에 간 사람은 버스를 통해 이동했다.
- B와 C는 서로 이웃해 있지 않은 곳으로 갔다.
- C는 가장 먼 곳으로 갔다.
- 카페와 영화관은 서로 이웃해있다.
- B는 영화관에 갔다.
- 놀이동산에 갈 수 있는 유일한 방법은 지하철이다.

① 카페는 세 장소 중 가장 가까이 위치해있다.
② 놀이동산-영화관-카페 순서대로 이웃해있다.
③ C는 지하철을 타고 놀이동산에 갔다.
④ 영화관에 가기 위해 버스를 이용해야한다.
⑤ A는 자가용을 이용하고 B는 버스를 이용한다.

**40.** 다음 〈진술〉들은 A시에서 성립한다. '보통'이가 A시에 살고 있는 왼손잡이라고 가정할 때, 반드시 참인 것은?

〈진술〉
㉠ A시에는 남구와 북구 두 개의 구가 있다.
㉡ 빌라에 사는 사람들은 모두 오른손잡이다.
㉢ 남구에서 빌라에 사는 사람들은 모두 의심이 많다.
㉣ 남구에서 빌라에 살지 않는 사람들은 모두 가난하다.
㉤ 북구에서 빌라에 살지 않는 사람들은 의심이 많지 않다.

① '보통'이는 가난하지 않다.
② '보통'이는 의심이 많은 사람이 아니다.
③ 만일 '보통'이가 북구에 산다면, '보통'이는 의심이 많다.
④ 만일 '보통'이가 남구에 산다면 '보통'이는 의심이 많다.
⑤ 만일 '보통'이가 가난하지 않다면, '보통'이는 의심이 많지 않다.

**41.** A, B, C, D, E 다섯 명이 가위 바위 보를 했다. 다음과 같은 내용에서 도출할 수 있는 것으로 옳은 것은?

- 5명 전체적으로 보았을 때 승패를 가를 수 없다.
- D는 C에게 졌다.
- E는 B를 이기지 못했다.
- A와 C는 같은 모양을 내고 B를 이겼다.

① D가 주먹을 냈다면 E는 주먹과 보를 내지 않았다.
② B와 D는 같은 것을 내지 않는다.
③ A가 가위를 냈다면 E는 보를 냈다.
④ B와 E만 보았을 때 D는 항상 E에게 진다.
⑤ A가 주먹을 냈다면 E또한 주먹을 낸다.

**42.** 생일파티를 하던 미경, 진희, 소라가 케이크를 먹었는지에 대한 여부를 다음과 같이 이야기하였는데 이 세 명은 진실과 거짓을 한 가지씩 이야기 하였다. 다음 중 옳은 것은?

미경 : 나는 케이크를 먹었고, 진희는 케이크를 먹지 않았다.
진희 : 나는 케이크를 먹지 않았고, 소라도 케이크를 먹지 않았다.
소라 : 나는 케이크를 먹지 않았고, 진희도 케이크를 먹지 않았다.

① 미경이가 케이크를 먹었다면 소라도 케이크를 먹었다.
② 진희가 케이크를 먹었다면 미경이는 케이크를 먹지 않았다.
③ 미경이가 케이크를 먹지 않았다면 소라는 케이크를 먹었다.
④ 소라가 케이크를 먹었다면 미경이도 케이크를 먹었다.
⑤ 소라가 케이크를 먹지 않았다면 진희도 케이크를 먹지 않았다.

**43.** 다음과 같은 내용이 참일 때 〈보기〉의 내용을 바르게 설명한 것은?

㉠ A, B, C, D는 커피, 홍차, 코코아, 우유 중 하나씩 마셨다.
㉡ A는 커피와 홍차를 마시지 않았다.
㉢ C는 커피를 마셨다.
㉣ B는 홍차와 우유를 마시지 않았다.

〈보기〉
A : D는 코코아를 마시지 않았다.
B : 우유를 마신 사람은 A이다.

① A만 참이다.
② B만 참이다.
③ A, B 모두 참이다.
④ A, B 모두 거짓이다.
⑤ A, B 모두 알 수 없다.

▌44~45▌ 다음 주어진 도형들의 일정한 규칙을 찾아, '?'에 들어갈 알맞은 도형을 고르시오.

**44.**

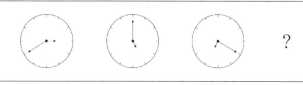

 ①
 ②
 ③
 ④
 ⑤

**45.**

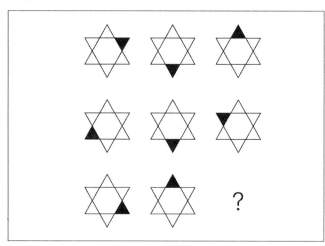

 ①
 ②
 ③
 ④
 ⑤

**▌46~48▐** 다음 각 기호가 일정한 규칙에 따라 문자들을 변화시킬 때, 각 문제의 '?'에 들어갈 알맞은 것을 고르시오.

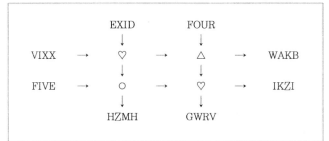

**▌49~50▐** 다음 각 기호가 일정한 규칙에 따라 문자들을 변화시킬 때, 각 문제의 '?'에 들어갈 알맞은 것을 고르시오.

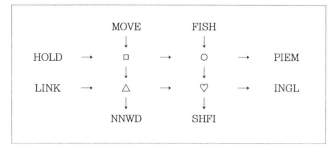

## 46.

NINE → ♡ → △ → ?

① AOXM　　　　② OKQI
③ NKSU　　　　④ SIDK
⑤ OQKI

## 47.

PONY → ○ → ○ → ?

① TOCY　　　　② ROYY
③ TOPY　　　　④ POIY
⑤ POMW

## 48.

ㄹㅎㅈㄱ → △ → ♡ → ?

① ㅊㄴㅇㅍ　　　② ㅋㅇㄷㄹ
③ ㅁㅋㄷㅁ　　　④ ㅋㅍㄹㅈ
⑤ ㅇㄹㅎㅁ

## 49.

B2Eㅅ → ? → ♡ → EㅅB2

① □　　　　　　② ○
③ △　　　　　　④ ♡
⑤ 없음

## 50.

MK14 → □ → △ → ?

① LJ05　　　　② LL25
③ LL05　　　　④ NJ23
⑤ NJ03

# 삼성전자

## GSAT 삼성직무적성검사

## 모의고사

| 제 5 회 | 영 역 | 수리영역, 추리영역 |
|---|---|---|
| | 문항수 | 50문항 |
| | 시 간 | 60분 |
| | 비 고 | 객관식 5지선다형 |

SEOWONGAK
(주)서원각

# 제5회 GSAT 직무적성검사

✏️ 수리영역(20문항 / 30분)

**1.** 10km를 달리는 시합에서 출발 후 1시간 이내에 결승선을 통과해야 기념품을 받을 수 있다. 출발 후 처음 12분을 시속 8km로 달렸다면, 남은 거리를 적어도 얼마의 평균 속력으로 달려야 기념품을 받을 수 있는가?

① 시속 10.5km
② 시속 11.0km
③ 시속 11.5km
④ 시속 12.0km
⑤ 시속 12.5km

**2.** 5% 설탕물 300g에서 일정량의 물을 증발시켰더니 10% 설탕물이 되었다. 증발된 물의 양은?

① 50g
② 100g
③ 150g
④ 200g
⑤ 250g

**3.** 농도 40%인 소금물 200g이 있다. 여기에 농도가 10%인 소금물 $x$g을 넣고 물을 $x$g 증발시켰더니 처음 농도의 1.125배가 되었다면 첨가한 소금물 속 소금의 양은?

① 25g
② 20g
③ 15g
④ 10g
⑤ 5g

**4.** 민수, 영민, 은희는 저녁을 같이 먹었는데 식사를 마친 후 민수가 식사비의 $\frac{3}{5}$을, 영민이가 그 나머지의 $\frac{1}{7}$을, 은희가 그 나머지를 계산하였는데 은희가 3,600원을 냈다면 저녁식사비는 얼마인가?

① 10,000원
② 10,500원
③ 12,000원
④ 12,500원
⑤ 13,000원

**5.** 500원짜리 물건을 지난달에는 20%의 이익이 나도록 가격을 정하여 정가로 총 200개를 판매하였다. 이번 달에는 물건을 300개 판매하였을 때, 지난달에 비해 몇 %를 할인된 가격으로 판매하였는가? 단, 지난달의 총매출과 이번 달의 총매출은 동일하다. (소수점 둘째자리에서 반올림하시오.)

① 33.1%
② 33.2%
③ 33.3%
④ 33.4%
⑤ 33.5%

**6.** 한 개에 500원하는 사과와 한 개에 900원하는 배를 섞어서 총 8개를 사는데 과일가격이 총 4,200원 이상 6,000원 이하가 되게 하려고 한다. 이때 배는 최대 몇 개까지 구입할 수 있는가?

① 5
② 6
③ 7
④ 8
⑤ 9

**7.** 정육면체의 한 변의 길이가 각각 20%, 50%, 80%씩 짧아진다고 할 때 부피는 몇 % 감소하는가?

① 50
② 72
③ 80
④ 92
⑤ 100

**8.** 물탱크에 물을 채우는데 A호스를 사용하면 8시간이 걸리고, B호스를 사용하면 12시간이 걸린다고 한다. 처음부터 일을 마치기 전 3시간까지는 A호스와 B호스를 동시에 사용하고, 나머지 3시간은 A호스만 사용하여 물을 다 채웠다. 물을 다 채우는데 걸린 시간은?

① 5시간
② 6시간
③ 7시간
④ 8시간
⑤ 9시간

**9.** 어떤 일을 마치는데 다정이는 8시간, 철수는 5시간이 걸린다. 다정이가 1시간, 철수가 2시간을 작업하고 나머지를 다정이와 철수가 함께 작업하여 일을 끝냈다면, 둘이 함께 작업한 시간은?(소수 둘째자리에서 반올림하시오)

① 1.2시간      ② 1.3시간

③ 1.4시간      ④ 1.5시간

⑤ 1.6시간

**10.** 경수는 경진이보다 나이가 두 살 많고, 경수의 나이의 제곱은 경진이의 나이의 제곱에 세 배를 한 것보다 2가 작다. 이 때 경수의 나이는?

① 5살      ② 6살

③ 7살      ④ 8살

⑤ 9살

**11.** 다음 표는 소득 분위별 월평균 교육비에 대한 자료이다. 이에 대한 분석으로 옳은 것은?

**소득 분위별 월평균 교육비**

(단위 : 원, %)

| 구분 | 2013년 | 2014년 | 2015년 | 2016년 | 2017년 |
|------|--------|--------|--------|--------|--------|
| 1분위 | 76,000 (7.8) | 79,000 (7.8) | 89,000 (8.2) | 85,000 (7.9) | 86,000 (7.4) |
| 5분위 | 382,000 (12.9) | 404,000 (12.6) | 468,000 (14.1) | 535,000 (15.8) | 643,000 (16.3) |

※ 1분위는 소득 하위 20% 계층, 5분위는 소득 상위 20% 계층임.

※ ( )는 각 소득 계층의 월평균 소비 지출액에서 교육비가 차지하는 비중임.

① 2016년 월평균 교육비는 5분위가 1분위의 두 배 수준이다.

② 2013년 대비 2014년 1분위의 월평균 소비 지출액이 증가하였다.

③ 1분위와 5분위의 월평균 교육비 격차는 2016년보다 2015년이 크다.

④ 2013년 대비 2017년 월평균 교육비 증가율은 5분위보다 1분위가 크다.

⑤ 2016년 대비 2017년 1분위의 월평균 소비 지출액 증가율보다 교육비 증가율이 크다.

**12.** 다음 표는 4개 고등학교의 대학진학 희망자의 학과별 비율(상단)과 그 중 희망한대로 진학한 학생의 비율(하단)을 나타낸 것이다. 이 표를 보고 추론한 내용으로 옳은 것은?

| 고등학교 | 국문학과 | 경제학과 | 법학과 | 기타 | 진학 희망자 |
|----------|----------|----------|--------|------|-------------|
| A | 60% (20%) | 10% (10%) | 20% (30%) | 10% (40%) | 700명 |
| B | 50% (10%) | 20% (30%) | 40% (30%) | 20% (30%) | 500명 |
| C | 20% (35%) | 50% (40%) | 40% (15%) | 60% (10%) | 300명 |
| D | 5% (30%) | 25% (25%) | 80% (20%) | 30% (25%) | 400명 |

ㄱ 법학과에 합격한 학생 수는 A고등학교에서는 40명보다 많고, C고등학교에서는 20명보다 적다.

ㄴ B와 C고등학교 중 국문학과에 합격한 학생은 C고등학교가 더 적다.

ㄷ D고등학교에서 합격자수가 가장 적은 과는 국문학과이며, 가장 많은 과는 법학과다.

① ㄱ      ② ㄴ

③ ㄱㄷ      ④ ㄴㄷ

⑤ ㄱㄴㄷ

**13.** 다음은 A제품을 생산·판매하는 서원실업의 1~3주차 A제품 주문량 및 B부품 구매량에 관한 자료이다. 주어진 조건에 근거하여 매주 토요일 판매완료 후 남게 되는 A제품의 재고량을 주차별로 바르게 나열한 것은?

**A제품 주문량 및 B부품 구매량**

(단위 : 개)

| 구분 \ 주 | 1주차 | 2주차 | 3주차 |
|---|---|---|---|
| A제품 주문량 | 0 | 200 | 450 |
| B제품 구매량 | 500 | 900 | 1,100 |

※ 1주차 시작 전 A제품과 B제품의 재고는 없음

※ 한 주의 시작은 월요일임

〈조건〉

• A제품은 매주 월요일부터 금요일까지 생산하고, A제품 1개 생산 시 B부품만 2개가 사용된다.

• B부품은 매주 일요일에 일괄구매하고, 그 다음 주 A제품 생산에 남김없이 모두 사용된다.

• 생산된 A제품은 매주 토요일에 해당 주차 주문량만큼 즉시 판매되고, 남은 A제품은 이후 판매하기 위한 재고로 보유한다.

|  | 1주차 | 2주차 | 3주차 |
|---|---|---|---|
| ① | 0 | 50 | 0 |
| ② | 0 | 50 | 50 |
| ③ | 50 | 50 | 50 |
| ④ | 250 | 0 | 0 |
| ⑤ | 250 | 50 | 50 |

**14.** 다음은 2014년부터 2019년까지 문화예산의 분야별 변화 추세를 나타낸 표이다. 아래 표에 대한 설명으로 옳은 것을 고르시오.

| 구분 | 문화재 | 문화산업 | 관광 | 문예진흥 | 합계 |
|---|---|---|---|---|---|
| 2014년 | 1,346 | 160 | 292 | 3,050 | 4,848 |
| 2015년 | 1,620 | 1,001 | 789 | 3,237 | 6,647 |
| 2016년 | 2,558 | 1,787 | 1,057 | 4,237 | 9,639 |
| 2017년 | 2,725 | 1,475 | 1,912 | 4,346 | 10,458 |
| 2018년 | 2,994 | 1,958 | 2,189 | 5,014 | 12,155 |
| 2019년 | 3,383 | 1,890 | 2,474 | 5,435 | 13,182 |

① 이 기간 동안 문화예산 네 가지 분야 중 문화산업이 차지하는 비중은 매년 최저 수준이다.

② 이 기간 동안 예산 증가율이 가장 높았던 분야는 관광이다.

③ 2014년부터 문화예산은 점점 증가하였으나 2019년으로 와서는 감소했다.

④ 문예진흥 예산의 경우 전체 문화예산에서 차지하는 비율은 늘 가장 높았으나 그 증가율은 가장 낮다.

⑤ 2019년 전체 문화예산에서 문화재 예산이 차지한 비율은 2014년에 비해 증가하였다.

**15.** 다음은 'A'국의 4대 범죄 발생건수 및 검거건수에 대한 자료이다. 이에 대한 설명으로 옳지 않은 것은?

**2013~2017년 4대 범죄 발생건수 및 검거건수**

(단위 : 건, 천명)

| 구분 \ 연도 | 발생건수 | 검거건수 | 총인구 | 인구 10만 명당 발생건수 |
|---|---|---|---|---|
| 2013 | 15,693 | 14,492 | 49,194 | 31.9 |
| 2014 | 18,258 | 16,125 | 49,346 | ( ) |
| 2015 | 19,498 | 16,404 | 49,740 | 39.2 |
| 2016 | 19,670 | 16,630 | 50,051 | 39.3 |
| 2017 | 22,310 | 19,774 | 50,248 | 44.4 |

**2017년 4대 범죄 유형별 발생건수 및 검거건수**

(단위 : 건)

| 범죄 유형 \ 구분 | 발생건수 | 검거건수 |
|---|---|---|
| 강도 | 5,753 | 5,481 |
| 살인 | 132 | 122 |
| 절도 | 14,778 | 12,525 |
| 방화 | 1,647 | 1,646 |
| 합계 | 22,310 | 19,774 |

① 인구 10만 명당 4대 범죄 발생건수는 매년 증가한다.

② 2014년 이후, 전년대비 4대 범죄 발생건수 증가율이 가장 낮은 연도와 전년대비 4대 범죄 검거건수 증가율이 가장 낮은 연도는 동일하다.

③ 2017년 발생건수 대비 검거건수 비율이 가장 낮은 범죄 유형의 발생건수는 해당 연도 4대 범죄 발생건수의 60% 이상이다.

④ 4대 범죄 발생건수 대비 검거건수 비율은 매년 80% 이상 이다.

⑤ 2017년 강도와 살인 발생건수의 합이 4대 범죄 발생건수에서 차지하는 비율은 2017년 강도와 살인 검거건수의 합이 4대 범죄 검거건수에서 차지하는 비율보다 높다.

**16.** 다음은 온실가스의 유형별 발생량을 나타낸 표이다. 다음 중 자료를 올바르게 해석한 것은?

| 온실가스 유형 | 12月 | 11月 | 10月 | 9月 | 8月 |
|---|---|---|---|---|---|
| 이산화탄소 | 418.4 | 417.7 | 414.2 | 408.9 | 407.0 |
| 메탄 | 1,989.0 | 1,988.0 | 1981.0 | 1981.0 | 1951.0 |
| 아산화질소 | 333.0 | 333.3 | 332.7 | 332.6 | 333.0 |
| 엽화불탄소11 | 224.6 | 228.2 | 228.4 | 228.0 | 228.1 |
| 염화불탄소12 | 497.9 | 500.5 | 499.9 | 500.0 | 503.6 |
| 염화불탄소113 | 69.5 | 69.6 | 69.7 | 69.7 | 70.2 |
| 육불화황 | 9.9 | 9.9 | 9.8 | 9.8 | 9.8 |

> ㉠ 온실가스의 발생량은 매달 증가하고 있다.
> ㉡ 온실가스 발생량이 가장 많은 것은 메탄이다.
> ㉢ 이산화탄소의 발생량은 전체의 약 11~12%를 차지한다.
> ㉣ 육불화황의 발생량은 거의 변함이 없다.

① ㉠

② ㉠㉡

③ ㉡㉢

④ ㉡㉣

⑤ ㉡㉢㉣

**┃17~18┃ 다음 자료를 보고 물음에 답하시오.**

지역별, 소득계층별, 점유형태별 최저주거기준 미달 가구 비율

(단위 : %)

| 구분 | | 최저주거기준 미달 | 면적기준 미달 | 시설기준 미달 | 침실기준 미달 |
|---|---|---|---|---|---|
| 지역 | 수도권 | 51.7 | 66.8 | 37.9 | 60.8 |
| | 광역시 | 18.5 | 15.5 | 22.9 | 11.2 |
| | 도지역 | 29.8 | 17.7 | 39.2 | 28.0 |
| | 계 | 100.0 | 100.0 | 100.0 | 100.0 |
| 소득계층 | 저소득층 | 65.4 | 52.0 | 89.1 | 33.4 |
| | 중소득층 | 28.2 | 38.9 | 9.4 | 45.6 |
| | 고소득층 | 6.4 | 9.1 | 1.5 | 21.0 |
| | 계 | 100.0 | 100.0 | 100.0 | 100.0 |
| 점유형태 | 자가 | 22.8 | 14.2 | 27.2 | 23.3 |
| | 전세 | 12.0 | 15.3 | 6.3 | 12.5 |
| | 월세[보증금(O)] | 37.5 | 47.7 | 21.8 | 49.7 |
| | 월세[보증금(X)] | 22.4 | 19.5 | 37.3 | 9.2 |
| | 무상 | 5.3 | 3.3 | 7.4 | 5.3 |
| | 계 | 100.0 | 100.0 | 100.0 | 100.0 |

**17.** 다음 중 위의 자료를 올바르게 분석하지 못한 것은?

① 점유 형태가 무상인 경우의 미달 가구 비율은 네 가지 항목 모두에서 가장 낮다.

② 침실 기준 미달 비율은 수도권, 도지역, 광역시 순으로 높다.

③ 지역 중에서는 광역시의 면적 기준 미달 비율이, 소득 계층 중에서는 고소득층의 면적 기준 미달 비율이 가장 낮다.

④ 저소득층은 중소득층보다 침실 기준 미달 비율이 더 낮다.

⑤ 보증금이 있는 월세가 보증금이 없는 월세보다 시설 기준을 제외한 모든 분야에서 미달 비율이 더 높다.

**18.** 광역시 시설 기준 미달 가구의 비율 대비 수도권 시설 기준 미달 가구의 비율 배수와 저소득층 침실 기준 미달 가구의 비율 대비 중소득층 침실 기준 미달 가구의 비율 배수는 각각 얼마인가? (반올림하여 소수 둘째 자리까지 표시함)

① 1.52배, 1.64배

② 1.58배, 1.59배

③ 1.66배, 1.37배

④ 1.72배, 1.28배

⑤ 1.78배, 1.22배

① ㉠, ㉢, ㉣

② ㉠, ㉡, ㉣

③ ㉠, ㉡, ㉢

④ ㉡, ㉢, ㉣

⑤ ㉠, ㉡, ㉢, ㉣

**19.** 다음은 다문화 신혼부부의 남녀 출신 국적별 비중을 나타낸 자료이다. 다음 자료를 올바르게 해석한 것을 〈보기〉에서 모두 고른 것은?

(단위 : 명, %)

| 남편 | | 2015년 | 2016년 |
|---|---|---|---|
| 건수 | | 94,962 (100.0) | 88,929 (100.0) |
| 한국 | | 72,514 (76.4) | 66,815 (75.1) |
| 외국 | | 22,448 (23.6) | 22,114 (24.9) |
| 출신국적별 구성비 | 계 | 100.0 | 100.0 |
| | 중국 | 44.2 | 43.4 |
| | 미국 | 16.9 | 16.8 |
| | 베트남 | 5.0 | 6.9 |
| | 일본 | 7.5 | 6.5 |
| | 캐나다 | 4.8 | 4.6 |
| | 대만 | 2.3 | 2.3 |
| | 영국 | 2.1 | 2.2 |
| | 파키스탄 | 2.2 | 1.9 |
| | 호주 | 1.8 | 1.7 |
| | 프랑스 | 1.1 | 1.3 |
| | 뉴질랜드 | 1.1 | 1.1 |
| | 기타 | 10.9 | 11.1 |

| 아내 | | 2015년 | 2016년 |
|---|---|---|---|
| 건수 | | 94,962 (100.0) | 88,929 (100.0) |
| 한국 | | 13,789 (14.5) | 13,144 (14.8) |
| 외국 | | 81,173 (85.5) | 75,785 (85.2) |
| 출신국적별 구성비 | 계 | 100.0 | 100.0 |
| | 중국 | 39.1 | 38.4 |
| | 베트남 | 32.3 | 32.6 |
| | 필리핀 | 8.4 | 7.8 |
| | 일본 | 3.9 | 4.0 |
| | 캄보디아 | 3.7 | 3.4 |
| | 미국 | 2.3 | 2.6 |
| | 태국 | 1.8 | 2.3 |
| | 우즈벡 | 1.3 | 1.4 |
| | 대만 | 1.0 | 1.2 |
| | 몽골 | 1.0 | 1.1 |
| | 캐나다 | 0.7 | 0.8 |
| | 기타 | 4.4 | 4.6 |

〈보기〉
㉠ 2016년에는 남녀 모두 다문화 배우자와 결혼하는 사람의 수가 전년보다 감소하였다.
㉡ 다문화 신혼부부 전체의 수는 2016년에 전년대비 약 6.35%의 증감률을 보인다.
㉢ 출신국적의 비중이 2016년에 남녀 모두 증가한 나라는 베트남과 기타 국가이다.
㉣ 다문화 신혼부부 중, 중국인과 미국인 남편, 중국인과 베트남인 아내는 두 시기 모두 50% 이상씩의 비중을 차지한다.

**20.** 다음은 행정구역별 음주운전 교통사고비율을 나타낸 표이다. 2017년에 음주운전 교통사고를 당한 사람이 400명일 때, 전라도에서 교통사고를 당한 사람의 수는?

(단위 : %)

| 행정구역 | 2019 | 2018 | 2017 | 2016 | 2015 |
|---|---|---|---|---|---|
| 서울특별시 | 20.5 | 30.3 | ( ) | ( ) | 22.9 |
| 경기도 | 16 | 15.2 | 16.6 | 14.8 | 15.8 |
| 강원도 | 8 | 11.9 | 10.5 | 16 | 16.3 |
| 충청도 | 15.4 | 12 | 12.8 | 17.2 | 15 |
| 전라도 | 22.8 | 19.6 | ( ) | 18 | 16 |
| 경상도 | 17.3 | 11 | 15.1 | 15.4 | 14 |
| 합계 | | | 100 | | |

※ 2017년에 전라도에서 음주운전 교통사고 비율은 서울시의 비율보다 7% 낮다.

① 76명      ② 77명
③ 78명      ④ 79명
⑤ 80명

**┃21~23┃** 다음 짝지어진 단어 사이의 관계가 나머지와 다른 하나를 고르시오.

## 21.

① 문구 – 연필
② 동물 – 자연
③ 과자 – 음식
④ 동사 – 문법
⑤ 팀장 – 계급

## 22.

① 견인차 – 끌차
② 골키퍼 – 문지기
③ 공무원 – 정무원
④ 딸기잼 – 딸기단졸임
⑤ 부추 – 정구지

## 23.

① 일요일 – 월요일 – 화요일
② 입춘 – 우수 – 경칩
③ 하늘 – 수평선 – 바다
④ 아침 – 점심 – 저녁
⑤ Jan. – Feb. – Mar.

**┃24~26┃** 제시된 단어와 같은 관계가 되도록 빈칸에 들어갈 가장 적절한 단어를 고르시오.

## 24.

| 탁구 : 공 = 요리 : ( ) |
| --- |

① 음식　　　　　　② 주걱
③ 요리사　　　　　④ 라켓
⑤ 주방

## 25.

| 풍만 : 윤택 = 단절 : ( ) |
| --- |

① 불통　　　　　　② 연락
③ 계승　　　　　　④ 연결
⑤ 소통

## 26.

| 악어 : 악어새 = ( ) : 진딧물 |
| --- |

① 무당벌레　　　　② 개미
③ 벌　　　　　　　④ 반딧불
⑤ 애벌레

**┃27~29┃** 다음의 사실이 전부 참일 때 항상 참인 것을 고르시오.

## 27.

| • 벚꽃이 피면 축제가 열린다.<br>• 차가 막히지 않으면 축제가 열린 것이 아니다.<br>• 축제가 열리면 소비가 활성화 되고, 지역경제가 살아난다. |
| --- |

① 벚꽃이 피면 차가 막히지 않는다.
② 벚꽃이 피면 지역경제가 살아난다.
③ 벚꽃이 피면 소비가 비활성화 된다.
④ 차가 막히면 지역경제가 살아난다.
⑤ 축제가 열리면 벚꽃이 핀다.

## 28.

| • A그룹은 V그룹보다 인기가 있다.<br>• S그룹은 V그룹보다 인기가 없다.<br>• K그룹은 S그룹보다 인기가 없다. |
| --- |

① A그룹은 S그룹보다 인기가 없다.
② V그룹은 K그룹보다 인기가 없다.
③ S그룹은 A그룹보다 인기가 없다.
④ K그룹은 V그룹보다 인기가 있다.
⑤ V그룹은 A그룹보다 인기가 있다.

**29.**

- 영희는 철수보다 성적이 좋다.
- 형수는 철수보다 성적이 낮다.
- 하진이는 철수보다 성적이 낮고 형수보다는 높다.
- 세이는 성적이 가장 좋다.

① 하진이보다 영희의 성적이 높지 않다.
② 성적이 철수보다 낮고 형수보다 높은 사람은 2명이다.
③ 철수의 성적은 다섯 명 중 4위이다.
④ 세이의 성적이 가장 높으며 형수의 성적이 가장 낮다.
⑤ 다섯 명 중 성적 순위가 중간에 있는 사람은 하진이다.

**30.** 다음을 근거로 판단할 때, 도형의 모양을 옳게 짝지은 것은?

5명의 학생은 5개 도형 A~E의 모양을 맞히는 게임을 하고 있다. 5개의 도형은 모두 서로 다른 모양을 가지며 각각 삼각형, 사각형, 오각형, 육각형, 원 중 하나의 모양으로 이루어진다. 학생들에게 아주 짧은 시간 동안 5개의 도형을 보여준 후 도형의 모양을 2개씩 진술하게 하였다. 학생들이 진술한 도형의 모양은 다음과 같고, 모두 하나씩만 정확하게 맞혔다.

〈진술〉
甲 : C = 삼각형, D = 사각형
乙 : B = 오각형, E = 사각형
丙 : C = 원, D = 오각형
丁 : A = 육각형, E = 사각형
戊 : A = 육각형, B = 삼각형

① A = 육각형, D = 사각형
② B = 오각형, C = 삼각형
③ A = 삼각형, E = 사각형
④ C = 오각형, D = 원
⑤ D = 오각형, E = 육각형

**31.** 다음 조건을 읽고 옳은 설명을 고르면?

- A는 붉은 구슬 1개, B는 흰 구슬 2개를 가지고 있고, C는 붉은 구슬 2개를 가지고 있다.
- A, B, C는 가위, 바위, 보 게임을 하여 이긴 사람이 진 사람에게 구슬을 하나씩 주기로 한다.
- 무승부일 경우에는 각자 가지고 있는 구슬 하나를 바닥에 버린다.
- 가위, 바위, 보는 같은 사람과 반복하지 않는다.
- C는 A에게 이기고 B와 비겼다.
- 그 다음으로, B는 A에게 졌다.

A : A가 가지고 있는 구슬 중 흰 구슬 1개가 있다.
B : A가 가지고 있는 구슬 중 붉은 구슬 1개가 있다.

① A만 옳다.
② B만 옳다.
③ A와 B 모두 옳다.
④ A와 B 모두 그르다.
⑤ A와 B 모두 옳은지 그른지 알 수 없다.

**|32~34|** 주어진 결론을 반드시 참으로 하는 전제를 고르시오.

**32.**

A, B, C가 달리기 시합을 하였다.
전제1 : A는 C보다 빨리 들어왔다.
전제2 : _____
결론 : B가 가장 빨리 들어왔다.

① B는 C보다 빨리 들어왔다.
② A는 B보다 빨리 들어왔다.
③ C가 가장 늦게 들어왔다.
④ A는 C보다 빨리 들어오지 못했다.
⑤ A는 B보다 빨리 들어오지 못했다.

**33.**

전제1 : 미진이는 노란색 옷을 입은 다음날은 파란색 옷을 입는다.
전제2 : 미진이는 파란색 옷을 입은 다음날은 빨간색 옷을 입는다.
전제3 : _____
결과 : 미진이는 내일 빨간색 옷을 입을 것이다.

① 미진이는 오늘 노란색 옷을 입었다.
② 미진이는 오늘 빨간색 옷을 입었다.
③ 미진이는 어제 노란색 옷을 입었다.
④ 미진이는 어제 파란색 옷을 입었다.
⑤ 미진이는 어제 빨간색 옷을 입었다.

**34.**

전제1 : 매일 열심히 운동을 하는 사람은 미인이다.
전제2 : 미인은 잠꾸러기이다.
전제3 : _____
결론 : 갑순이는 미인이 아니다.

① 갑순이는 매일 열심히 운동을 하지 않는다.
② 갑순이는 매일 열심히 운동을 한다.
③ 갑순이는 가끔 열심히 운동을 하지 않는다.
④ 갑순이는 잠꾸러기이다.
⑤ 갑순이는 잠꾸러기가 아니다.

**35.** 다음 글을 근거로 판단할 때, 참을 말하고 있는 사람은?

음악동아리 5명의 학생 각각은 미술동아리 학생들과 30회씩 가위바위보 게임을 했다. 각 게임에서 이길 경우 5점, 비길 경우 1점, 질 경우 −1점을 받는다. 게임이 모두 끝나자 A동아리 5명의 학생들은 자신이 얻은 합산 점수를 다음과 같이 말했다.
甲 : 내 점수는 148점이야.
乙 : 내 점수는 145점이야.
丙 : 내 점수는 143점이야.
丁 : 내 점수는 140점이야.
戊 : 내 점수는 139점이야.

① 甲                      ② 乙
③ 丙                      ④ 丁
⑤ 戊

**36.** 다음을 근거로 판단할 때, 36개의 로봇 중 가장 빠른 로봇 1, 2위를 선발하기 위해 필요한 최소 경기 수는?

• 전국 로봇달리기 대회에 36개의 로봇이 참가한다.
• 경주 레인은 총 6개이고, 경기당 각 레인에 하나의 로봇만 배정할 수 있으나, 한 경기에 모든 레인을 사용할 필요는 없다.
• 배정된 레인 내에서 결승점을 먼저 통과하는 순서대로 순위를 정한다.
• 속력과 시간의 측정은 불가능하고, 오직 경기 결과에 의해서만 순위를 결정한다.
• 로봇별 속력은 모두 다르고 각 로봇의 속력은 항상 일정하다.
• 로봇의 고장과 같은 다른 요인은 경기 결과에 영향을 미치지 않는다.

① 7                      ② 8
③ 9                      ④ 10
⑤ 11

**37.** 다음 〈조건〉을 근거로 판단할 때, 가장 많은 품삯을 받은 일꾼은? (단, 1전은 10푼이다)

〈조건〉
• 일꾼 다섯 명의 이름은 좀쇠, 작은놈, 어인놈, 상득, 정월쇠이다.
• 다섯 일꾼 중 김씨가 2명, 이씨가 1명, 박씨가 1명, 윤씨가 1명이다.
• 이들의 직업은 각각 목수, 단청공, 벽돌공, 대장장이, 미장공이다.
• 일당으로 목수와 미장공은 4전 2푼을 받고, 단청공과 벽돌공, 대장장이는 2전 5푼을 받는다.
• 윤씨는 4일, 박씨는 6일, 김씨 두 명은 각각 4일, 이씨는 3일 동안 동원되었다. 동원되었지만 일을 하지 못한 날에는 보통의 일당 대신 1전을 받는다.
• 박씨와 윤씨는 동원된 날 중 각각 하루씩은 배가 아파 일을 하지 못했다.
• 목수는 이씨이다.
• 좀쇠는 박씨도 이씨도 아니다.
• 어인놈은 단청공이다.
• 대장장이와 미장공은 김씨가 아니다.
• 정월쇠의 일당은 2전 5푼이다.
• 상득은 김씨이다.
• 윤씨는 대장장이가 아니다.

① 좀쇠                    ② 작은놈
③ 어인놈                  ④ 상득
⑤ 정월쇠

**38.** A, B, C, D, E, F 여섯 사람으로 구성된 부서에서 주말 당직을 정하는데 다음의 조건을 모두 지켜야 한다. 당직을 맡을 수 있는 사람을 바르게 짝지은 것은?

- A와 B가 당직을 하면 C도 당직을 한다.
- C와 D 중 한 명이라도 당직을 하면 E도 당직을 한다.
- E가 당직을 하면 A와 F도 당직을 한다.
- F가 당직을 하면 E는 당직을 하지 않는다.
- A가 당직을 하면 E도 당직을 한다.

① A, B
② A, E
③ B, F
④ C, E
⑤ D, F

**39.** 다음과 같은 조건이 주어졌을 때 조건들로만 보기를 추리하려고 한다. 이때 마지막으로 필요한 조건은 무엇인가?

- 모든 학생의 나이는 짝수이다.
- 학생들은 수학, 과학, 영어, 국어 학원에 다니며 부산, 울산, 서울, 파주에 살고 있다.
- 국어 학원에 다니는 학생은 18살로 가장 나이가 많다.
- 울산에 사는 학생은 3번째로 나이가 많다.
- 나이가 가장 적은 학생은 12살로 서울에 살며 과학 학원을 다니고 있지 않다.

| <보기> | | | |
|--------|--------|--------|--------|
| 수학 학원 | 과학 학원 | 영어 학원 | 국어 학원 |
| 16살 | 14살 | 12살 | 18살 |
| 부산 | 울산 | 서울 | 파주 |

① 수학학원에 다니는 학생은 서울에 살고 있지 않다.
② 울산에 사는 학생의 나이는 14살이다.
③ 서울에 사는 학생은 국어학원을 다니지 않는다.
④ 국어학원을 다니지 않는 학생은 울산에 살고 있다.
⑤ 부산에 살고 있는 학생은 수학학원에 다닌다.

**40.** 다음 글의 내용이 참일 때, 반드시 거짓인 것은?

- 착한 사람들 중에서 똑똑한 여자는 모두 인기가 많다.
- 똑똑한 사람들 중에서 착한 남자는 모두 인기가 많다.
- "인기가 많지 않지만 멋진 남자가 있다."라는 말은 거짓이다.
- 순이는 멋지지 않지만 똑똑한 여자이다.
- 철수는 인기는 많지 않지만 착한 남자이다.
- 여자든 남자든 당연히 사람이다.

① 철수는 똑똑하지 않다.
② 철수는 멋지거나 똑똑하다.
③ 똑똑하지만 멋지지 않은 사람이 있다.
④ 순이가 인기가 많지 않다면, 그녀는 착하지 않다.
⑤ "똑똑하지만 인기가 많지 않은 여자가 있다."라는 말이 거짓이라면, 순이는 인기가 많다.

**41.** 토익 학원에서 만난 5명(A~E)의 나이는 모두 다르다. 그들의 나이가 〈보기〉에 제시된 내용과 같을 때, 이들 중 두 번째로 나이가 많은 사람은?

〈보기〉
㉠ A와 B의 나이는 5살 차이이다.
㉡ B는 E보다 3살 연하이다.
㉢ C는 D보다 4살 연상이다.
㉣ D와 A는 2살 차이이다.
㉤ 제일 나이가 많은 사람과 제일 나이가 적은 사람은 8살 차이이다.

① A
② B
③ C
④ D
⑤ E

**42.** 신입 직원 갑, 을, 병, 정, 무가 기획과, 인력과, 총무과 가운데 어느 한 부서에 배치될 예정이다. 다음 진술들이 참일 때, 반드시 참인 것은?

> • 갑이 총무과에 배치되면, 을은 기획과에 배치된다.
> • 을이 기획과에 배치되면, 정은 인력과에 배치되지 않는다.
> • 병이 총무과에 배치되면, 무는 기획과에 배치되지 않는다.
> • 병이 총무과에 배치되지 않으면, 정은 인력과에 배치된다.
> • 정이 인력과에 배치되지 않으면, 무는 기획과에 배치된다.

① 갑은 총무과에 배치되지 않는다.

② 을은 총무과에 배치된다.

③ 병은 기획과에 배치된다.

④ 정은 인력과에 배치되지 않는다.

⑤ 무는 총무과에 배치된다.

**43.** 총무부의 구성원은 총 5명이며, 각각 사원, 대리, 과장, 차장, 부장이다. 총무부가 <조건>에 따라서 이번 여름휴가를 간다고 할 때, 화요일에 휴가를 가게 되는 사람은 누구인가?

> <조건>
> • 이번 여름휴가는 근무일인 월~금 5일 내에 무조건 하루씩 간다.
> • 여러 사람이 같은 날 휴가를 갈 수는 없다.
> • 부장은 차장의 휴가 다음날 휴가를 간다.
> • 차장은 사원보다 먼저 휴가를 간다.
> • 대리는 3일 연휴가 되었다.
> • 대리는 과장보다 늦게 휴가를 간다.
> • 과장은 월요일에 휴가를 가야 한다.

① 사원      ② 대리

③ 과장      ④ 차장

⑤ 부장

【44~45】 다음 '?'에 들어갈 도형으로 알맞은 것을 고르시오.

**44.**

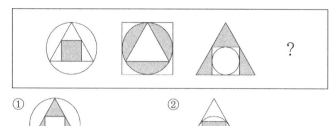

①       ②

③      ④

⑤

**45.**

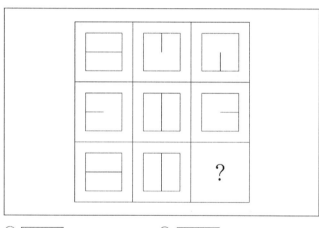

①      ②

③      ④

⑤

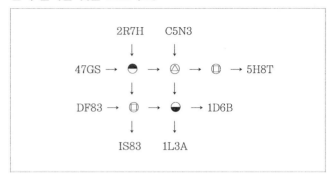

46.

5W8J → ▣ → ◐ → △ → (  )

① 69XK  ② 36UI
③ 6X9K  ④ 3U6I
⑤ KX96

47.

WHAT → ◐ → ◑ → ▣ → (  )

① XIBU  ② YJCV
③ VJCY  ④ VCJY
⑤ UIBX

48.

YOUNG → △ → ▣ → ◐ → (  )

① XMTNF  ② WLSME
③ ZOVPH  ④ YNUOG
⑤ ELSMW

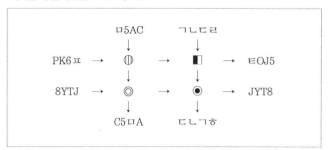

49.

MIC2 → ◎ → ◉ → (  )

① 2ICM  ② 2MIC
③ I2CM  ④ 2CMI
⑤ ICM2

50.

8Eㅎ9L → (  ) → ▮ → ◍ → K78ㄱD

① ◍  ② ◎
③ ▮  ④ ◉
⑤ 없음

# 삼성전자

## GSAT 삼성직무적성검사 모의고사

### 모의고사

# 정답 및 해설

SEOWONGAK
(주)서원각

# 제1회 정답 및 해설

## ✎ 수리영역

**1** ④

소금 15g으로 10%의 소금물을 만들었으므로 물의 양을 $x$라 하면,

$\dfrac{15}{x+15} \times 100 = 10\%$에서 $x = 135$

여기에서 소금물을 끓여 농도가 20%로 되었으므로, 이때의 물의 양을 다시 $x$라 하면,

$\dfrac{15}{x+15} \times 100 = 20\%$에서 $x = 60$

여기에서 물 15g을 더 넣었으므로

$\dfrac{15}{60+15+15} \times 100 = 16.67\%$

약 17%

**2** ①

작년의 전원 장치 수리 건수를 $x$, 필터 수리 건수를 $y$라고 할 때, $x + y = 238$이 성립한다. 또한 감소 비율이 각각 40%와 10%이므로 올해의 수리 건수는 $0.6x$와 $0.9y$가 되며, 이것의 비율이 5 : 3이므로 $0.6x : 0.9y = 5 : 3$이 되어 $1.8x = 4.5y(\to x = 2.5y)$가 된다.

따라서 두 연립방정식을 계산하면, $3.5y = 238$이 되어 $y = 68$, $x = 170$건임을 알 수 있다. 그러므로 올해의 전원 장치 수리 건수는 $170 \times 0.6 = 102$건이 된다.

**3** ④

㉠ 갑의 작업량은 $\left(3 \times \dfrac{1}{8}\right) + \left(3 \times \dfrac{1}{8}\right) = \dfrac{3}{4}$

㉡ 전체 작업량을 1이라 하고 을의 작업량을 $x$라 하면,

$\dfrac{3}{4} + x = 1, \quad \therefore x = \dfrac{1}{4}$

㉢ 을의 작업량이 전체에서 차지하는 비율은

$\dfrac{1}{4} \times 100 = 25\%$

**4** ④

8명을 2명씩 4개조로 나누는 방법의 수는

${}_8C_2 \times {}_6C_2 \times {}_4C_2 \times {}_2C_2 \times \dfrac{1}{4!} = 105$

남자 1명과 여자 1명으로 이루어진 조가 2개인 경우는 남자 2명, 여자 2명, 남자 1명과 여자 1명, 남자 1명과 여자 1명으로 조를 나눌 때이므로 그 경우의 수는 ${}_4C_2 \times {}_4C_2 \times 2 \times 1 = 72$

따라서 구하는 확률은 $\dfrac{72}{105} = \dfrac{24}{35}$

**5** ①

처음 두 수의 합이 4인 사건은

$(1, 3), (2, 2), (3, 1)$

이므로 그 확률은

$\dfrac{3}{6} \times \dfrac{1}{6} + \dfrac{2}{6} \times \dfrac{2}{6} + \dfrac{1}{6} \times \dfrac{3}{6} = \dfrac{5}{18}$

세 번째 수가 홀수일 확률은 $\dfrac{4}{6} = \dfrac{2}{3}$이므로 구하는 확률은 $\dfrac{5}{18} \times \dfrac{2}{3} = \dfrac{5}{27}$

**6** ③

장 사원이 자전거를 타고 간 거리를 $x$ km, 뛰어간 거리를 $y$ km라고 하면

$\begin{cases} x + y = 5 \\ \dfrac{x}{12} + \dfrac{y}{8} = \dfrac{1}{2} \end{cases}$

$\therefore x = 3, \ y = 2$

**7** ②

사무실에서 △△카페까지의 거리를 $x\,km$라고 하면

$\dfrac{x}{4} - \dfrac{10}{60} = \dfrac{x}{10} + \dfrac{17}{60}$

$9x = 27$

$x = 3$

**8** ③

예 사원이 맞힌 문제 수를 $x$개, 틀린 문제 수를 $y$개라 하면

$$\begin{cases} x+y=20 \\ 3x-2y=40 \end{cases} \quad \therefore \ x=16, \ y=4$$

따라서 예 사원이 틀린 문제 수는 4개다.

**9** ③

사과를 $x$개, 귤을 $y$개 샀다고 하면

$$\begin{cases} x+y=9 \\ 900x+300y=4500 \end{cases}, \ \ \text{즉} \ \begin{cases} x+y=9 \\ 3x+y=15 \end{cases}$$

$$\therefore \ x=3, \ y=6$$

따라서 사과는 3개 샀다.

**10** ④

20%의 소금물의 양을 $Xg$이라 하면, 증발시킨 후 소금의 양은 같으므로

$$X \times \frac{20}{100} = (X-60) \times \frac{25}{100}, \ X=300 \text{이다.}$$

더 넣은 소금의 양을 $xg$이라 하면,

$$300 \times \frac{20}{100} + x = (300-60+x) \times \frac{40}{100}$$

$$x=60$$

**11** ③

출시 건수가 가장 많은 회사는 B사, 세 번째로 많은 회사는 C사이다.

B사의 2018년 대비 2019년의 증감률은

$$\frac{118-121}{121} \times 100 = -2.48\%$$

C사의 2018년 대비 2019년의 증감률은

$$\frac{80-61}{61} \times 100 = 31.15\%$$

**12** ③

③ 2017년 오락문화비는 174,693원 2016년 오락문화비는 129,494원이므로 2017년 오락문화비는 전년보다 174,693 - 129,494 = 45,199(원) 증가했다.

① 2015년 가계지출액 대비 오락문화비는 4.44%로 4.5%에 미치지 않는다.

② 2014년부터 2018년의 문화여가지출률은 다음과 같다.

|  | 2014 | 2015 | 2016 | 2017 | 2018 |
|---|---|---|---|---|---|
| 문화 여가지출률 | 4.35 | 4.44 | 4.53 | 5.27 | 5.76 |

④ 2014년(2,901,814) → 2015년(2,886,649) → 2016년 (2,857,967)로 전년대비 가계지출액이 감소하였음을 알 수 있다.

⑤ 오락문화비는 매년 증가였으며 가계지출액은 2015년과 2016년에 전년대비 감소하였다.

**13** ③

③ 2016년과 2017년이 동일하며, 2018년~2020년이 동일하므로 모든 해의 수출실적 순위가 동일한 것은 아니다.

① 수산물 수출실적이 '전체'가 아닌 1차 산품에서 차지하는 비중이므로 2019년과 2020년에 각각 61.1%와 62.8%인 것을 알 수 있다.

② 농산물과 수산물은 2016년 이후 매년 '감소-감소-증가-감소'의 동일한 증감추이를 보이고 있다.

④ 연도별로 전체 합산 수치는 103,285천 달러, 106,415천 달러, 121,068천 달러, 128,994천 달러, 155,292천 달러로 매년 증가한 것을 알 수 있다.

⑤ 공산품만 꾸준한 증가추세를 보이고 있다.

**14** ③

A에서 B로 변동된 수치의 증감률은 (B-A)÷A×100의 산식으로 계산한다.

농산물 : (21,441-27,895)÷27,895×100=-23.1%

수산물 : (38,555-50,868)÷50,868×100=-24.2%

축산물 : (1,405-1,587)÷1,587×100=-11.5%

따라서 감소율은 수산물, 농산물, 축산물의 순으로 큰 것을 알 수 있다.

**15** ④

④ 국비를 지원받지 못하는 문화재 수는 7개, 구비를 지원받지 못하는 문화재는 9개이다.

① 2008년 11월 10일에 공사를 시작한 문화재가 공사 중이라고 기록되어 있는 것으로 보아 2008년 11월 10일 이후에 작성된 것으로 볼 수 있다.

② 전체 사업비 총 합은 4,176이고 시비와 구비의 합은 3,294이다. 따라서 전체 사업비 중 시비와 구비의 합은 전체 사업비의 절반 이상이다.

③ 사업비의 80% 이상을 시비로 충당하는 문화재 수는 전체의 50% 이하이다.

⑤ 공사 중인 문화재사업비 합은 1,159이고, 공사완료된 문화재 사업비 합은 2,551로 50% 이하이다.

**16** ③

③ 1주 동안 21회 이상 대중교통을 이용하는 사람의 비중이 가장 큰 곳은 8.5%로 서울이다.

① 인천과 대전에서는 1주간 평균 1~5회 이용한 사람이 가장 많다.

② 각 지역의 조사 인원을 알 수 없으므로 해당 보기의 내용은 알 수 없다.

④ 서울에서 1주간 대중교통을 16회 이상 이용하는 사람은 16.0%이고 11회~15회 이용하는 사람은 18.8%이다.

⑤ 각 지역의 조사 인원을 알 수 없으므로 해당 보기의 내용은 알 수 없다.

**17** ①

① $\dfrac{245-175}{175} \times 100 = 40$

② $\dfrac{250-190}{190} \times 100 = 31.57 \cdots$

③ $\dfrac{165-130}{130} \times 100 = 26.92 \cdots$

④ $\dfrac{150-135}{135} \times 100 = 11.11 \cdots$

**18** ③

$\dfrac{245+250}{810} \times 100 = 61.11 \cdots (\%)$

**19** ①

①②③ 매출량 증가폭 대비 매출이익의 증가폭은 기울기를 의미하는 것이다.

매출량을 $x$, 매출이익을 $y$라고 할 때, A는

$y = 2x - (20,000 + 1.5x) = -20,000 + 0.5x$

B는 $y = 2x - (60,000 + 1.0x) = -60,000 + x$

따라서 A의 기울기는 0.5, B의 기울기는 1이 돼서 매출량 증가폭 대비 매출이익의 증가폭은 투자안 A가 투자안 B보다 항상 작다.

④⑤ A의 매출이익은 매출량 40,000일 때 0이고, B의 매출이익은 매출량이 60,000일 때 0이 된다. 따라서 매출이익이 0이 되는 매출량은 투자안 A가 투자안 B보다 작다.

**20** ②

② 필기 접수자 중 기능사 자격시험의 접수자가 1,091,646명으로 가장 많다.

① 전체 필기 응시인원 대비 기능사 필기응시 인원은 916,224÷1,993,273×100=약 46%로 50%에 못 미친다.

③ 필기시험 접수자 중에서 필기 미응시 인원은 175,422명으로 기능사 자격시험이 가장 많다.

④ 필기응시 인원이 가장 적은 시험은 기술사 시험이며, 기술사 실기 시험의 미응시 인원은 11명으로 가장 적다.

⑤ 필기 합격인원이 가장 많은 시험은 423,269명으로 기능사 시험이며 합격률도 46.2%로 가장 높다.

**21** ⑤

①②③④ 상위어>하위어=하위어의 관계이다

⑤ 동물과 포유류는 상위어-하위어 관계이지만 사과는 이에 속하지 않는다.

**22** ②

①③④⑤ 유의어 관계의 단어이다.

**23** ④

①②③⑤ 대상과 그 대상의 수량을 나타내는 단위의 관계이다.

④ 축은 오징어 20마리를 나타내는 단위이다.

**24** ①

'공성신퇴'는 공을 이루었으면 몸은 후퇴한다는 뜻으로, 성공을 이루고 그 공을 자랑하지 않음을 뜻하는 고사성어로 겸손을 의미한다. '일겸사익'은 한 번의 겸손은 천, 지, 인의 사자로부터의 유익함을 가져오게 한다는 뜻으로, 두 고사성어 모두 겸손을 의미한다.

'일반지은'은 한 번 밥을 얻어먹은 은혜를 뜻하는 말로 은혜에 관한 고사성어이다. '구로지은'은 자기(自己)를 낳아 기른 어버이의 은혜를 뜻하는 말로 빈칸에 적절하다.

**25** ③

주어진 단어쌍은 작가와 작품의 관계이다.
① 현진건
② 박태원
④ 이청준
⑤ 김동인

**26** ①

각 명제의 대우를 고려하면 다음과 같다.
대학생은 꿈이 있다. →꿈이 있는 자는 좌절하지 않는다.
따라서 모든 대학생은 좌절하지 않는다.

**27** ②

비가 오는 날이면 갑돌이와 길동이는 갑순이 생각을 하므로, ②는 참이다.

**28** ②

오늘은 운동장이 조용하지 않다고 했으므로 오늘은 복도가 더럽지 않으며, 비가 오는 날이 아니다.

**29** ①

세 번째 조건에 의하면 정 선생와 강 선생는 국어과 담당도 체육과 담당도 아니므로 수학과와 영어과 담당이 된다. 따라서 이 선생과 최 선생은 국어과와 체육과 중 하나이다. 첫 번째 조건에 의하면 이 선생이 체육과와 영어과 중 한 곳의 담당이며 세 번째 조건에 의해 영어과를 제외한 체육과 담당임을 알 수 있다. 따라서 남은 한 곳인 국어과가 최 선생이 담당하는 교과임을 알 수 있다.

**30** ⑤

주어진 명제를 종합하면 '갑, 을, 병, 무, 정' 순으로 앉아있다.

**31** ①

제시문은 연역 논증으로, 대전제→소전제→대전제에 포함된 결론을 이끌어내는 형식을 갖는다. 따라서 ③이 소전제에 적합하다.

**32** ④

C가 B의 조모가 되기 위해서는 D가 B의 부모 중 한 명이어야 하며, B의 어머니는 A이므로 D는 아버지가 된다.

**33** ②

결론에 따르면 우택, 영민 외에 한 사람이 더 등장해야 함을 알 수 있다. 또한 우택이가 가장 크기 위해서는 그 한 사람의 키가 우택이보다 작아야 한다.

**34** ②

장미를 좋아하는 사람은 감성적이고 감성적인 사람은 노란색을 좋아하므로 장미를 좋아하는 사람은 노란색을 좋아한다.

**35** ④

명제를 종합해보면,

| | 박물관 | 대형마트 | 영화관 | 병원 |
|---|---|---|---|---|
| 갑 | ○ | × | × | × |
| 을 | × | ○ | × | × |
| 병 | × | × | × | ○ |
| 정 | × | × | ○ | × |

**36** ④

④ 석우 누나의 나이는 알 수 없다.

주어진 정보에 따라 나이 순으로 나열하면 유나 → 선호 → 석우(27세) → 강준(25세)이다.

**37** ③

조건에 따라 정리하면 다음과 같다.

㉠ 다솜 > 마야+바울+사랑

㉡ 마야+바울=사랑

㉢ 바울 > 가영+라임

㉣ 가영 > 나리

㉤ 가영=라임

㉥ 마야=바울

따라서 ③은 반드시 거짓이다.

**38** ②

조건에 따라 정리하면 다음과 같다.

| 월 | 화 | 수 | 목 | 금 | 토 | 일 |
|---|---|---|---|---|---|---|
| A | C | D | B | E | G 또는 F | F 또는 G |
| A | C | D | F | B | E | G |
| A | C | G 또는 F | D | B | E | F 또는 G |
| A | C | B | E | D | F | G |

**39** ④

A팀이라면 검정색 상의를 입고, 수비수는 모두 안경을 쓰고 있으므로 ④가 옳다.

**40** ②

사색은 진정한 의미에서 예술이고, 예술은 인간의 삶을 풍요롭게 만든다고 했으므로, 사색은 인간의 삶을 풍요롭게 만든다.

**41** ⑤

• 세영이는 신촌에 거주한다.(㉤㉥)

• 선우는 용산에 거주하지 않고 세영이 신촌에 거주하므로 마포에 거주한다.(㉥)

• 진영이는 용산에 거주하며, 미용실은 마포이다.(㉦)

• 세영이의 미용실은 용산이다.(㉣)

따라서 선우의 미용실이 위치한 곳은 신촌이 된다.

**42** ③

C − D − A − B의 순서가 된다. 따라서 가장 먼저 토론을 하는 사람은 C이다.

**43** ②

② 배치되는 부서가 확실히 결정되는 사람은 총무부의 F와 G이므로 2명이다.

**44** ①

주어진 도형은 첫 번째 열에 있는 도형이 다음 열로 갈수록 90° 씩 시계방향으로 회전한다. 또한 두 번째 열에서는 첫 번째 열에서의 도형의 색과 반대로(흰→회, 회→흰) 변경된다.

**45** ⑤

주어진 도형은 1행 1열부터 3행 3열의 도형 내부의 삼각형의 색이 하나씩 변화한다. 또한 2행과 3행에서는 좌에서 우로 갈수록 사각형, 원이 추가된다.

**46** ②

ㆍㄱ ♥ : 세 번째 자리의 문자를 맨 앞으로 보낸다.

ㆍㄴ ◎ : 문자에 +1212를 더한다.

STCO → CSTO → DUUQ


**47** ③

ㆍㄱ ◎ : 문자에 +1212를 더한다.

ㆍㄴ ☆ : 문자를 역순으로 배열한다.

ZMAY → AOBA → ABOA


**48** ④

ㆍㄱ ☆ : 문자를 역순으로 배열한다.

ㆍㄴ ♥ : 세 번째 자리의 문자를 맨 앞으로 보낸다.

TEAB → BAET → EBAT


**49** ②

제시된 예의 규칙을 파악하면 다음과 같다.

▶ 1행 색 반전

▷ 1행과 2행 교환

➡ 전체 색 반전

⇨ 1열과 2열 교환

**50** ①

# 제2회 정답 및 해설

✍ **수리영역**

**1** ⑤

안경을 낀 학생 수를 $x$라 하면

안경을 끼지 않은 학생 수는 $x+300$이다.

$x+(x+300)=1,000$이므로 $x$는 350명이다.

안경을 낀 남학생을 $1.5y$라 하면,

안경을 낀 여학생은 $y$가 된다.

$y+1.5y=350$이므로 $y$는 140명이다.

따라서 안경을 낀 여학생 수는 140명이다.

**2** ③

고무줄이 3배 늘어났으므로, 0.7cm에서 3배가 늘어난 2.1cm 떨어진 위치에 있게 된다.

**3** ④

| 반 | 학생수 | 점수 평균 | 총점 |
|---|---|---|---|
| A | 20 | 70 | 1,400 |
| B | 30 | 80 | 2,400 |
| C | 50 | 60 | 3,000 |
| 합계 | 100 | | 6,800 |

세 반의 평균을 구하면 $\dfrac{6,800}{100}=68$(점)

**4** ①

11층에서 1층까지 이동 시간 : $5\times10=50$(초)

홀수 층마다 정지하면서 문이 열리고 닫히는 시간 : $3\times4=12$(초)

$\therefore 50+12=62$(초)

**5** ②

하루 당 정훈이가 하는 일의 양은 $\dfrac{1}{30}$, 하루 당 정민이가 하는 일의 양은 $\dfrac{1}{40}$

정민이는 계속해서 24일간 일 했으므로 정민의 일의 양은 $\dfrac{1}{40}\times24$

$1-\dfrac{24}{40}=\dfrac{16}{40}$이 나머지 일의 양인데 정훈이가 한 일이므로

나머지 일을 하는데 정훈이가 걸린 시간은

$\dfrac{16}{40}\div\dfrac{1}{30}=12$

$\therefore$ 정훈이가 쉬었던 날은 $24-12=12$(일)

**6** ②

10%의 소금물의 무게를 $x$, 5%의 소금물의 무게를 $300-x$라고 할 때,

$\dfrac{0.1x+0.05(300-x)}{300}=\dfrac{8}{100}$

$x=180$

$\therefore$ 10% 소금물 180g, 5% 소금물 120g을 섞으면 8% 소금물 300g을 만들 수 있다.

**7** ②

지난 주 판매된 A 메뉴를 $x$, B 메뉴를 $y$라 하면

$\begin{cases} x+y=1,000 \\ x\times(-0.05)+y\times0.1=1,000\times0.04 \end{cases}$

두 식을 연립하면 $x=400$, $y=600$

따라서 이번 주에 판매된 A 메뉴는

$x\times0.95=400\times0.95=380$명분이다.

**8** ②

규민이의 하루 일의 양은 $\dfrac{1}{6}$, 영태의 하루 일의 양은 $\dfrac{1}{10}$

둘이 함께 할 때 하루 일의 양 $\dfrac{1}{6}+\dfrac{1}{10}=\dfrac{8}{30}$

일하는 일수를 $x$라 하면 $\dfrac{8}{30}x=\dfrac{8}{10}$

$\therefore x=\dfrac{8}{10}\times\dfrac{30}{8}=3(일)$

**9** ②

12시부터 1시 20분까지는 80분이며 10분 간격으로 전화벨이 울린다. 처음 12시에 1번 울리고 이후에 8번이 울리므로 총 9번이 울린다.

**10** ②

작은 조각의 무게를 $x$라 하면
$(x+2x)^2k=270(단,k는\ 비례상수)$
$9x^2k=270,\ x^2k=30$
따라서, 구하는 손해액은
$(x+2x)^2k-\{x^2k+(2x)^2k\}$
$=270-(30+120)=120만원$

**11** ④

2010년에 비해 2020년에 대리의 수가 늘어난 출신 지역은 서울·경기, 강원, 충남 3곳이고, 대리의 수가 줄어든 출신 지역은 충북, 경남, 전북, 전남 4곳이다.

**12** ⑤

㉠ 청년층 중 사형제에 반대하는 사람 수(50명)>장년층에서 반대하는 사람 수(25명)

㉡ B당을 지지하는 청년층에서 사형제에 반대하는 비율

$\dfrac{40}{40+60}=40\%$

B당을 지지하는 장년층에서 사형제에 반대하는 비율

$\dfrac{15}{15+15}=50\%$

㉢ A당은 찬성 150, 반대 20, B당은 찬성 75, 반대 55의 비율이므로 A당의 찬성 비율이 높다.

㉣ 청년층에서 A당 지지자의 찬성 비율

$\dfrac{90}{90+10}=90\%$

청년층에서 B당 지지자의 찬성 비율

$\dfrac{60}{60+40}=60\%$

장년층에서 A당 지지자의 찬성 비율

$\dfrac{60}{60+10}≒86\%$

장년층에서 B당 지지자의 찬성 비율

$\dfrac{15}{15+15}=50\%$

따라서 사형제 찬성 비율의 지지 정당별 차이는 청년층보다 장년층에서 더 크다.

**13** ②

$100-(60+15+5)=20(\%)$

**14** ④

지원자 수 $=400\times0.11=44(명)$

44명 중 30명이 취업했으므로 그 비율은

$\dfrac{30}{44}\times100≒68(\%)$

**15** ①

• 주당 운동시간이 3시간 미만의 1학년 인원수 : $118+261+256=635$명
• 주당 운동시간이 3시간 이상의 3학년 인원수 : $266+287=553$명

**16** ①

$\dfrac{647,314-665,984}{665,984}\times100≒-2.8$

**17** ⑤

① $\dfrac{877,020-1,070,530}{1,070,530}\times100\fallingdotseq-18.1(\%)$

② $\dfrac{64,504-62,318}{62,318}\times100\fallingdotseq3.5(\%)$

③ $\dfrac{71,211-77,334}{77,334}\times100\fallingdotseq-7.9(\%)$

④ $\dfrac{288,405-260,218}{260,218}\times100\fallingdotseq10.8(\%)$

⑤ $\dfrac{83,622-59,544}{59,544}\times100\fallingdotseq40.4(\%)$

**18** ②

$18,000+25x>40,000$

$25x>22,000$

$x>880$

880보다 많아야하므로 최소 881통화를 해야 한다.

**19** ①

① 스팸에 관한 상담 건수는 2월, 7월, 8월에는 감소하였다.

**20** ③

$\dfrac{487}{49,560}\times100\fallingdotseq0.98(\%)$

**21** ②

② 희극과 비극은 희곡의 하위어이다.

①③④⑤ 같은 상위어를 가지는 단어들의 나열로 이루어져 있다.

**22** ⑤

①②③④ 부분과 전체의 관계를 가지는 단어들이다.

**23** ③

통합과 합병은 동의어 관계이며, 애도는 사람의 죽음을 슬퍼함을 의미한다.

③ 애상(哀傷)은 죽은 사람을 생각하며 마음이 상함을 의미한다.

**24** ④

자판기가 있으면 점원은 없어도 된다. 마찬가지로 공리가 있으면 증명은 없어도 된다.

※ 공리 … 증명을 할 수 없거나, 증명할 필요가 없는 자명한 진리

**25** ④

① 바다와 육지

② 깊은 바다에 있는 길고 좁은 산맥 모양의 솟아오른 부분

③ 바다 속에서 나는 풀을 통틀어 이르는 말

④ 바다의 밑바닥

⑤ 바다와 육지가 맞닿은 부분

**26** ③

A는 2호선을 이용하였고, D는 1호선, B와 D는 같은 호선을 이용하였으므로 B도 1호선을 이용한 것이다. F와 G는 같은 호선을 이용하지 않았으므로 둘 중 한 명은 1호선이고 나머지는 2호선을 이용한 것이 된다. 1호선은 3명이 이용하였으므로 B, D, (F or G)가 된다.

|  | A | B | C | D | E | F | G |
|---|---|---|---|---|---|---|---|
| 1호선 | × | ○ | × | ○ | × | ○ or × | ○ or × |
| 2호선 | ○ | × | ○ | × | ○ | ○ or × | ○ or × |

**27** ④

②③ 병이 을과 정 앞에 있을 수도 있고, 사이에 있을 수도 있다. 또한, 가장 뒤에 있을 수도 있으므로 을, 병, 정의 위치는 주어진 조건만으로는 파악할 수 없다.

④ 주어진 조건으로는 '갑 > 을 > 정, 갑 > 병'만 알 수 있다. 이를 통해 갑이 을, 정, 병보다 앞에 있음을 확인할 수 있다.

**28** ②

사과 좋아함 → 수박 좋아함 → 배를 좋아함 → 귤을 좋아함

**29** ④

'더위를 잘 타는 축구선수가 있다'는 '어떤 축구선수는 더위를 잘 타지 않는다.'의 대우명제이므로 참이 된다.

**30** ②

조건에 따라 순번을 매겨 높은 순으로 정리하면 BDAEC가 된다.
따라서 두 번째로 높은 사람은 D가 된다.

**31** ③

③ 창의적인 사람은 우유부단하지 않고, 우유부단한 사람은 창의적이지 않으므로(대우) 창의적이면서 동시에 우유부단한 사람은 없다.

**32** ③

은우=운동 잘 함 → 적극적인 성격 → 인기 많음

**33** ④

①⑤ 2동과 4동은 빨간색과 보라색 건물과 연결되어 있으므로 노란색과 초록색으로 칠해야 한다. 두 동 또한 연결되어 있으므로 2동이 노란색이면 4동은 초록색이어야 한다.

② 5동은 1동에만 연결되어 있으므로 빨간색 이외의 모든 색을 칠할 수 있다

③ ①과 ②에 의해 알 수 있는 내용이다. 2동과 4동을 칠하는 방법은 2개의 경우의 수를 갖고, 5동을 칠하는 방법은 4개의 경우의 수를 가지므로 총 8가지 방법으로 건물을 칠할 수 있다.

④ 2동과 4동은 무조건 노란색과 초록색을 사용해야 하므로 건물은 적어도 4개의 색을 사용해서 칠할 수 있다.

**34** ⑤

제시된 결론이 반드시 참이 되기 위해서는 호랑이와 수학에 관한 명제가 추가되어야 한다. ⑤를 대입하면 모든 호랑이는 수학을 잘하며 어떤 호랑이는 영어를 잘하므로 어떤 호랑이는 수학과 영어를 모두 잘한다.

**35** ④

상상력이 풍부하지 않은 사람은 미술을 좋아하지 않는다. → 미술을 좋아하지 않는 사람은 예술적인 사람이 아니다.
∴ 상상력이 풍부하지 않은 사람은 예술적이지 않다.

**36** ②

| D | F | E | – |  |
|---|---|---|---|---|
| B | A | C | G | 엘리베이터 |

**37** ③

조건에 따라 순서에 맞게 정리하여 보면 B→E→[D →A→G]→F→H→C

여기서 [] 안의 세 명의 순위는 바뀔 수 있다.

① A의 순위는 4위 또는 5위가 될 수 있다.
② H보다 늦게 골인한 사람은 C 1명이다.
③ D는 3, 4, 5위를 할 수 있다.
④ G는 3위가 될 수 있다.

**38** ①

① 을이 찬성한다면 병과 정은 반대하고, 기와 경은 찬성한다. 또 신이 찬성이라면 갑도 찬성인데 그렇게 되면 찬성 인원이 4명보다 많아지므로 신은 반대하고, 무도 반대하므로 갑은 찬성이 된다.

| A조 | 갑 | 을 | 병 | 정 |
|---|---|---|---|---|
| | 찬성 | 찬성 | 반대 | 반대 |
| B조 | 무 | 기 | 경 | 신 |
| | 반대 | 찬성 | 찬성 | 반대 |

**39** ①

ⓒ의 조건에 의해 민정이가 심부름을 가면 상원이는 심부름을 가게 되는데 이는 ⓔ의 조건과 모순이 생기므로 민정이는 심부름을 가지 않는다. 따라서 민정이가 심부름을 가게 되는 조건을 모두 배제하면 함께 심부름을 갈 수 있는 조합은 재오, 상원뿐이다.

**40** ③

ⓒⓔ에 의해 관주-금주-한주-평주 순서임을 알 수 있다. 그리고 ⓔⓜ에 의해 을-병-갑-정의 순서임을 알 수 있다.

**41** ③

갑이 거짓을 말한다고 가정하면 을 역시 거짓을 말하는 것이고 따라서 병은 진실, 정은 거짓을 말하는 것이 된다. 또, 갑이 참을 말한다고 가정하면 갑, 을, 정이 참, 병은 거짓을 말하는 것이 된다. 조건에서 B 국 사람은 한 명이라고 했으므로 참을 말한 B국 사람은 병이다.

**42** ④

C에 1순위를 부여한 사람은 없으므로 가능한 순위 조합은 (A-B-C), (A-C-B), (B-A-C), (B-C-A)이다.

ⓛ (A-B-C)∪(B-A-C)∪(B-C-A)=25
∴ (A-C-B)=5

ⓖ (A-B-C)∪(A-C-B)=18 ∴ (A-B-C)=13

ⓒ (B-C-A)=10 ∴ (B-A-C)=2

∴ C에 3순위를 부여한 사람은 15명이다.

**43** ①

갑 : 총기허가증이 없으므로 사냥총을 사용해서는 안 된다. 사냥총 사용 여부를 조사해야 한다.

을 : 사냥총을 사용하고 있으므로 총기허가증이 꼭 있어야 한다. 총기허가증의 유무를 조사해야 한다.

병 : 사냥총을 사용하고 있지 않으므로 총기허가증이 있는지 확인하지 않아도 된다.

정 : 총기허가증이 있으므로 사냥총을 사용해도 된다.

**44** ⑤

주어진 도형은 1열과 2열의 사각형 내부의 도형의 꼭 지점 개수를 합하여 3열의 도형 꼭지점 개수를 구한다. 1열과 2열의 도형 중 색이 있는 도형이 있을 때는 그 색을 따른다.

?가 있는 행의 3열의 도형은 색이 있는 육각형이므로 ?에는 색이 있는 삼각형이 오는 것이 적절하다.

**45** ①

주어진 도형 내부의 한글 자음은 순서대로 +1씩 변하며, 알파벳은 순서대로 +2씩 변화하는 규칙을 가지고 있다.

**46** ①

① 삐뚤어질테다 → 삐뚤어질테다T → T뚤어질테다삐의 과정을 거친다.

ⓖ ◖ : 맨 앞자리 문자와 맨 끝자리 문자의 순서를 바꾼다.

ⓛ ◢ : 맨 끝자리 문자를 삭제한다.

ⓒ ◎ : 맨 앞자리 문자를 삭제한다.

ⓔ ◉ : 맨 끝자리에 T를 더한다.

**47** ④

　④ ANSWER → NSWER → NSWE → ESWN의　과정을
거친다.

**48** ④

　④ CHAPTER → RHAPTEC → RHAPTECT → RHAPTEC
→HAPTEC의 과정을 거친다.

**49** ④

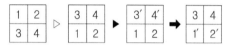

**50** ③

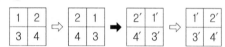

# 제3회 정답 및 해설

## ✎ 수리영역

**1** ①

A지점에서 B지점까지 걸린 왕복 거리 : $150 \times 2 = 300$ (km)

A지점에서 B지점까지 걸린 왕복 시간 : $\dfrac{300}{75} = 4$(시간)

갈 때 100km/h로 운전하였고 올 때의 속력을 $x$라고 하면

$\dfrac{150}{100} + \dfrac{150}{x} = 4$

$\dfrac{150x + 15,000}{100x} = 4$

$250x = 15,000$

$\therefore \ x = 60$

**2** ③

소금의 양 = 소금물의 양 × 농도, $x$ = 12% 소금물의 양, $(425 - x)$ = 4% 소금물의 양

농도가 각각 12%, 4%인 소금물을 섞었을 때 425g의 소금물이 되었는데 물 25g을 더 넣었으므로 농도가 10%인 소금물의 양은 450g이라는 것을 알 수 있다. 따라서 다음과 같은 식이 성립된다.

$\dfrac{0.12x + 0.04(425 - x)}{425 + 25} \times 100 = 10$

$\therefore 1.2x + 0.4(425 - x) = 450$

$12x + 1700 - 4x = 4500$

$8x = 2800$

$x = 350$

**3** ②

철수가 달리는 속도를 $xm/m$라고 하면,

$x = \dfrac{4000m}{16m} = 250m/m$이다. 따라서 영희가 걷는 속도는 철수가 달리는 속도의 $\dfrac{1}{2}$인 $125m/m$가 된다.

**4** ②

월 납입액을 $a$, 월이율을 $r$, 납입 월수를 $n$이라고 할 때 원리합계를 계산하면

$S_n = \dfrac{a(r^n - 1)}{r - 1} = \dfrac{20(1.02^{24} - 1)}{1.02 - 1} = \dfrac{20(1.3^2 - 1)}{0.02}$

$= \dfrac{20 \times 0.69}{0.02} = 690$

철수가 2011년 12월말까지 모은 금액은 690만 원이다.

**5** ③

$r = 0.1$

$a = 10,000$

$S = \dfrac{10,000\left(1 + \dfrac{1}{10}\right)\left\{\left(1 + \dfrac{1}{10}\right)^{10} - 1\right\}}{\dfrac{1}{10}}$

$= \dfrac{(10,000 + 1,000)\left\{\left(\dfrac{11}{10}\right)^{10} - 1\right\}}{\dfrac{1}{10}}$

$= \dfrac{11,000 \times 1.6}{\dfrac{1}{10}} = 176,000$

**6** ①

$42,000 \times \dfrac{3}{7} = 18,000$원

따라서 미영이가 구매할 수 있는 연필은 $18,000 \div 2,000 = 9$자루이다.

**7** ⑤

하루에 A가 하는 일의 양은 $\dfrac{1}{6}$, 하루에 B가 하는 일의 양은 $\dfrac{1}{12}$

B는 처음부터 8일 동안 계속해서 일을 하였으므로 B

가 한 일의 양은 $\frac{1}{12}\times 8$

(일의 양) − (B가 한 일의 양) = (A가 한 일의 양)

$1-\frac{8}{12}=\frac{4}{12}$

A가 일을 하는데 걸린 시간은 $\frac{4}{12}\div\frac{1}{6}=2$(일)

작업기간 − A가 일한 기간 = A가 쉬었던 날이므로 $8-2=6$(일)

**8** ②

엄마가 하루에 하는 일의 양 : $x$

언니가 하루에 하는 일의 양 : $y$

엄마가 일을 마치는데 걸리는 날짜 : $a$

$4x=8y$

$y=\frac{x}{2}$

$4y+ax=8y$

$ax=8y-4y=4y$

$ax=\frac{4x}{2}=2x$

$a=2$

따라서 2일이 걸린다.

**9** ③

$A-3=3(B-3)$

$A+3=2(B+3)$

두 식을 연립하면 $6=-B+15$이므로 B=9가 된다. B의 값을 대입하면 A=21이 되므로 A와 B 나이의 합은 $9+21=30$이다.

**10** ②

첫 번째 주사위가 빨간색일 확률 $\frac{2}{5}$, 두 번째 주사위가 빨간색일 확률 $\frac{1}{4}$, 두 주사위의 합 총 36 가지 중 눈의 합이 10일 확률 $\frac{6}{36}$을 모두 곱하면 $\frac{2}{5}\times\frac{1}{4}\times\left(\frac{6}{36}\right)=\frac{1}{60}$

**11** ②

'소득=총수입-경영비'이므로 2017년의 경영비는 $974,553-541,450=433,103$원이 된다.

또한, '소득률 = (소득÷총수입)×100'이므로 2016년의 소득률은 $429,546\div856,165\times100=$약 50.2%가 된다.

**12** ⑤

2013년의 휴직 합계
$=465+1,188+6,098+558+1,471+587+752=11,119$

따라서 2013년 휴직 사유 중 간병이 차지하는 비율
$=\frac{558}{11,119}\times100=5.01\cdots 5.0\%$

**13** ④

④ 2016년 휴직의 사유 중 간병이 질병의 비중보다 높다.

**14** ①

㉠ 실시율이 40% 이상인 어린이집 특별활동프로그램은 음악, 체육, 영어 3개이고, 유치원 특별활동프로그램은 음악, 체육, 영어 3개로 동일하다.

㉡ 영어 $=\frac{6,687}{26,749}=0.25$, 음악 $=\frac{2,498}{19,988}=0.12$이므로 영어가 더 높다.

㉢ 어린이집 : 영어 > 체육 > 음악 > 미술 > 교구 > 한글 > 과학 > 수학 > 서예 > 컴퓨터 > 한자

유치원 : 영어 > 체육 > 음악 > 미술 > 과학 > 한글 > 수학 > 교구 > 한자 > 서예 > 컴퓨터

㉣ 실시율 $=\frac{\text{실시 수}}{\text{전체 수}}$ 로 계산하면 되므로 어린이집의 경우 과학 6.0이고 한자가 0.5이므로

한자의 12배가 많을 것이다. $213\times12=2,556$

유치원의 경우 과학은 27.9, 서예는 0.6인데 서예의 실시율을 가지고 전체 실시 유치원 수를 구하면 $\frac{51}{0.006}=8,500$개, 여기에 30%를 구하면 $8,500\times0.3=2,550$

27.9에 해당하면 더 작을 것이므로 어린이집의 과학 실시기관의 수가 더 많다.

**15** ③

현재까지의 판매이익을 계산해 보면

- 아메리카노 $= (3,000 - 200) \times 5 = 14,000$
- 카페라테 $= (3,500 - 500) \times 3 = 9,000$
- 바닐라라테 $= (4,000 - 600) \times 3 = 10,200$
- 카페모카 $= (4,000 - 650) \times 2 = 6,700$
- 캐러멜마키아토 $= (4,300 - 850) \times 6 = 20,700$

총 합계가 60,600원이므로 3,400원이 모자라므로 바닐라라테를 1잔 더 팔면 된다.

**16** ⑤

위 표는 1사분기 매출이므로 2019년 한 해의 매출을 예상하기 위해 각 기업 매출액×4를 해주어야 한다. 매출액×4>30조가 되는 기업은 A, B, C, D로 총 4개이다.

**17** ③

OECD(36개국)에서 순위는 2004년부터 현재까지 하위권이라 볼 수 있다.

**18** ②

② '동의'를 선택한 사람의 비율이 40%가 넘는 국가는 미국, ㉠, ㉡으로 8개 국가 중 절반을 넘지 않는다.

① 동의 이상의 응답자가 86.3%에서 47.1%로 급감했으며, 반대 이상의 응답자는 11.3%에서 50.9%로 급증했으므로 무급노동인 전업주부가 되는 것보다 유급 직장 생활을 중시하는 풍토가 급격히 확산되었다고 볼 수 있다.

③ '강하게 동의'와 '동의'의 합은 47.1%로 절반이 안 된다.

④ 우리나라는 '전업주부가 되는 것은 소득이 있는 직장을 갖는 것만큼 값지다'는 질문에 50% 이상이 '반대' 또는 '강하게 반대'로 응답한 유일한 국가이다.

⑤ '모른다'고 응답한 사람의 비율이 0.1%로 두 번째로 낮다는 것은 주어진 질문에 대한 관심도가 높다는 것으로 볼 수 있다.

**19** ⑤

가. 독일과 스페인은 '동의'하는 응답자가 한국보다 적다.

→ 한국의 '동의'하는 응답자는 38.2%이므로 ㉢과 ㉣ 중 한 곳이 독일과 스페인임을 알 수 있다.

나. 독일과 스페인의 '모른다'고 답한 응답자 수의 합은 일본의 '모른다'고 답한 응답자 수의 절반 이하이다.

→ 4.6 + 7.8 = 12.4%이므로 24.8%보다 높은 '모른다'의 응답자 수를 보인 ㉠이 일본이 된다. 따라서 보기에 제시된 중국은 ㉡이 된다.

다. 스페인은 독일보다 더 유급노동을 중시한다.

→ 유급노동을 중시한다는 것은 조사 내용에 반대하는 의견이 많다는 의미이므로 '반대'와 '강하게 반대'의 의견이 더 많은 비중을 보이는 ㉣이 스페인이며, 따라서 ㉢은 독일이 됨을 알 수 있다.

따라서 일본 - 중국 - 독일 - 스페인의 순이 정답이 된다.

**20** ③

각 원의 중심점을 찍어 〈조건〉의 내용을 비교한다.

- 조건㉠ : 전체 직원이 가장 많은 부서는 중심점이 최우측에 위치한 자재팀이고, 가장 적은 부서는 구매팀이다.
- 조건㉡ : 예산규모가 가장 큰 부서는 원의 크기가 가장 큰 총무팀이며, 가장 작은 부서는 법무팀이다.
- 조건㉢ : 전체직원수 대비 간부직원수의 비율은 각 원의 중심점과 그래프의 0점을 연결하여 비교한다. 비율이 가장 높은 부서는 연결선의 기울기가 가장 큰 법무팀이고, 가장 낮은 부서는 기울기가 가장 낮은 홍보팀이다.

조건에 따라 살펴볼 때, 두 번 이상 해당되는 부서는 법무팀이다.

**21** ②

② 칠순과 희수는 70세를 나타내고, 산수는 80세를 나타낸다.
① 절기의 순환
③ 계절의 순환
④ 요일의 순환
⑤ 60개의 간지의 순환

**22** ②

①③④⑤는 유의관계
① **사면초가** : 적에게 둘러싸인 상태나 누구의 도움을 받을 수 없는 상태
  **진퇴양난** : 물러설 수 없는 궁지에 빠짐
② **경거망동** : 도리나 사정을 생각하지 않고 경솔하게 행동함
  **삼복백규** : 백규를 세 번 반복 한다는 말로, 말을 신중하게 함
③ **백골난망** : 남에게 큰 은혜나 덕을 입었을 때 고마움을 표시하는 말
  **결초보은** : 죽어 혼이 되더라도 입은 은혜를 잊지 않고 갚음
④ **호사다마** : 좋은 일에는 방해가 되는 일이 많음
  **새옹지마** : 인생의 길흉화복은 늘 바뀌어 변화가 많음
⑤ **반포지효** : 자식이 자라서 부모를 봉양함
  **혼정신성** : 자식이 아침저녁으로 부모의 안부를 물어 살핌

**23** ①

②③④⑤ 남의 아버지, 어머니, 딸을 높여 부르는 의미를 담고 있다.
① **가친(家親)** : 남에게 자기 아버지를 높여 이르는 말이다.

**24** ②

일본의 화폐 단위는 '엔'이며, 태국의 화폐 단위는 '바트'이다.

**25** ①

가결(제출된 의안을 좋다고 인정하여 결정함)의 반의어는 부결(의론하는 안건에 대해 옳지 않다고 하는 결정)이고, 좌절(마음이나 기운이 꺾임)의 반의어는 관철(어려움을 뚫고 나아가 목적을 기어이 이룸)이다.

**26** ③

A마을에 사는 어떤 사람도 농사를 짓지 않는 사람은 없다는 것은 A마을의 모든 사람이 농사를 짓는다는 것과 같은 말이므로 '농사를 짓는 어떤 사람은 채식주의자이다'는 반드시 참이다.

**27** ④

각각의 대우를 구하면 '영화보기를 좋아하지 않는 사람은 운동을 좋아한다.'와 '축구와 농구를 좋아하지 않는 사람은 운동을 좋아하지 않는다.'가 된다. 따라서 명제를 종합하면 '축구와 농구~ → 운동~ → 영화', '영화~ → 운동 → 축구 또는 농구'가 된다.

**28** ③

경제가 어려워지거나 부동산이 폭락한다고 했는데 부동산이 폭락한 것은 아니므로, 경제가 어려워진다. 두 번째 조건의 대우에 의하면 긴축정책을 시행하면 물가가 오르지 않는다. 경제가 어려워진다면 긴축정책이 시행되고, 긴축정책을 시행하면 물가가 오르지 않는다.

**29** ④

가위바위보를 해서 모두 이기면 $30 \times 5 = 150$ 점이 된다.
여기서 한 번 비기면 총점에서 4점이 줄고, 한 번 지면 총점에서 6점이 줄어든다.
만약 29번 이기고 1번 지게 되면
$(29 \times 5) + (-1) = 144$ 점이 된다.
즉, 150점에서 -6, 또는 -4를 통해서 나올 수 있는 점수를 가진 사람만이 참말을 하는 것이다.
정의 점수 140점은 1번 지고, 1번 비길 경우 나올 수 있다.
$(28 \times 5) + 1 - 1 = 140$

**30** ④

단식을 하는 날 전후로 각각 최소 2일간은 정상적으로 세 끼 식사를 하므로 2주차 월요일에 단식을 하면 전 주 토요일과 일요일은 반드시 정상적으로 세 끼 식사를 해야 한다. 이를 바탕으로 조건에 따라 김 과장의 첫 주 월요일부터 일요일까지의 식사를 정리하면 다음과 같다.

| 월 | 화 | 수 | 목 | 금 | 토 | 일 |
|---|---|---|---|---|---|---|
| ○ |   | ○ | ○ | ○ | ○ | ○ |
| ○ |   | ○ | ○ |   | ○ | ○ |
| ○ | ○ | ○ | ○ |   | ○ | ○ |

**31** ③

궤변론자는 논쟁을 두려워한다(③의 대우).
논쟁을 두려워하는 사람은 실력 있는 사람이 아니다(전제1의 대우).
따라서 궤변론자들은 실력 있는 사람이 아니다.

**32** ③

'직무교육을 받은 어떤 사원은 업무능력이 좋다'는 결론이 나오려면 사원은 직무교육을 받는다는 전제가 있어야 한다. 가장 적절한 것은 ③이다.

**33** ③

전제1의 대우는 '살아있는 생물이 아닌 것은 죽지 않는다.'가 된다. 따라서 '돌은 죽지 않는다.'가 결론이 되기 위해 '돌은 살아있는 생물이 아니다' 또는 이의 대우인 '살아있는 생물은 돌이 아니다'가 되어야한다.

**34** ①

'낭만적이지 않은 어떤 사람'이라는 결론이 나오기 위해서는 '낭만적이지 않은 사람'에 대한 개념이 있어야 하므로 ①이 적절하다.

**35** ⑤

D, E / A
B / A
C / D
C의 집이 가장 처음은 아니므로, E가 가장 처음이 된다(E / C / D / B / A).

**36** ①

주어진 정보들 중 집의 위치가 확실한 정보(ⓗ, ⓐ)부터 표에 적고, 표에 적혀 있는 정보를 토대로 하나씩 적어보면 집의 위치와 직업, 애완동물을 모두 정확하게 알 수 있다.

| 노란 집 | 파란 집 | 빨간 집 | 초록 집 |
|---|---|---|---|
| 갑동 | 정무 | 을숙 | 병식 |
| 서비스직 | 기술직 | 영업직 | 사무직 |
| 고양이 | 강아지 | 새 | ? |

∴ 주어진 정보로는 병식이가 무슨 애완동물을 키우는지 알 수 없으므로 네 사람 중 한사람이 거북이를 키운다면 거북이를 키우는 사람은 병식이가 된다. 병식이는 사무직에 종사하고 있다.

**37** ③

갑동 – 서비스직, 을숙 – 영업직, 병식 – 사무직, 정무 – 기술직

**38** ④

A가 진실을 말하면 D의 진술도 진실이며, B가 진실을 말하면 C의 진술도 진실이다.
그러므로 A, D와 B, C를 묶어서 생각해야 하며, 3명이 진실을 말하고 있으므로 나머지 E는 무조건 진실이다.
E가 참외를 훔쳐가는 범인을 본 사람이 2명이라고 했으므로 B의 말은 거짓이며 C의 말도 거짓이 된다.
모두의 진술을 종합했을 때 E, A, C, B가 범인이 아니라는 것을 알 수 있으므로 범인은 D가 된다.

**39** ①

조건들을 만족하여 세 줄에 앉는 직원은 다음과 같다. 따라서 첫 줄에 앉은 직원 중 빈자리 옆에 앉을 수 있는 사람은 태연 또는 남은 윤아다.

| 첫 줄 | 태연 | | |
|---|---|---|---|
| 중간 줄 | 유나 | 솔지 | 빈자리 |
| 마지막 줄 | 영미 | 예원 | 봉선 |

**40** ②

- 甲이 착한 호랑이일 경우, 곶감의 위치를 안다고 말한 乙, 丁, 戊는 모두 나쁜 호랑이가 되고 丙만 착한 호랑이가 되는데, 丙이 착한 호랑이일 경우 甲이 거짓말을 하는 것이 되므로 모순된다.
- 乙이 착한 호랑이일 경우, 곶감의 위치를 안다고 말한 甲, 丁, 戊는 모두 나쁜 호랑이가 된다. 丙이 착한 호랑이이며, 곶감은 소쿠리에 있다.
- 丙이 착한 호랑이일 경우, 甲은 반드시 나쁜 호랑이가 되고 곶감은 아궁이가 아닌 꿀단지나 소쿠리에 있게 된다. 곶감이 꿀단지에 있다고 하면 丙과 戊가 착한 호랑이가 되고, 곶감이 소쿠리에 있다면 丙과 乙 또는 丁이 착한 호랑이가 된다.
- 丁이 착한 호랑이일 경우, 곶감의 위치를 안다고 말한 甲, 乙, 戊는 모두 나쁜 호랑이가 된다. 丙이 착한 호랑이이며, 곶감은 소쿠리에 있다.
- 戊가 착한 호랑이일 경우, 곶감의 위치를 안다고 말한 甲, 乙, 丁은 모두 나쁜 호랑이가 된다. 丙이 착한 호랑이이며, 곶감은 꿀단지에 있다.

따라서 보기 중 가능한 조합은 ②이다.

**41** ⑤

제시된 내용을 바탕으로 6명의 휴가 기간을 유추하면 다음과 같다. 차장과 대리의 휴가 기간은 겹칠 수 없으므로 ⑤가 정답이다.

| | 1주 | 2주 | 3주 | 4주 | 5주 | 6주 |
|---|---|---|---|---|---|---|
| 전무 | X | | 휴가 | 휴가 | | X |
| 상무 | 휴가 | 휴가 | | | | |
| 부장 | | | | | | |
| 차장 | | | | | 휴가 | 휴가 |
| 과장 | | 휴가 | 휴가 | | | |
| 대리 | | 휴가 | 휴가 | | | |

**42** ③

- 그래가 제일 먼저 여행할 국가는 영국이다.
- 영국에 간다면 프랑스에는 가지 않는다. → ⓒ의 대우
- 그래는 독일에 간다. (프랑스에 가지 않으므로)
- 그래가 독일에 간다면 스위스에 간다. → ⓔ의 대우
- 그래는 독일에 가고 이탈리아에 간다.

따라서 그래가 가게될 국가는 영국, 독일, 스위스, 이탈리아이다.

**43** ④

젊은이의 진술이 진실이라면 노파와 할아버지의 진술은 거짓이고, 젊은이의 진술이 거짓이라면 노파와 할아버지의 진술은 진실이다. 따라서 젊은이가 원주민이면 노파와 할아버지는 이주민이고, 젊은이가 이주민이면 노파와 할아버지는 원주민이다.

**44** ③

색칠된 네모 칸이 시계 방향으로 한 칸씩 이동하고 있다. 따라서 '?'에 들어가는 도형은 ③이 된다.

**45** ①

1열과 3열의 도형이 겹쳐져서 2열의 도형이 된다.

**46** ③

☆ +1 +1 +1 +1
★ -2 -2 -2 -2
◇ 1234 → 4321
◆ 1234 → 2143

| ㄱ | ㄴ | ㄷ | ㄹ | ㅁ | ㅂ | ㅅ | ㅇ | ㅈ | ㅊ | ㅋ | ㅌ | ㅍ | ㅎ |
|---|---|---|---|---|---|---|---|---|---|---|---|---|---|
| 1 | 2 | 3 | 4 | 5 | 6 | 7 | 8 | 9 | 10 | 11 | 12 | 13 | 14 |

| A | B | C | D | E | F | G | H | I | J | K | L | M |
|---|---|---|---|---|---|---|---|---|---|---|---|---|
| 1 | 2 | 3 | 4 | 5 | 6 | 7 | 8 | 9 | 10 | 11 | 12 | 13 |

| N | O | P | Q | R | S | T | U | V | W | X | Y | Z |
|---|---|---|---|---|---|---|---|---|---|---|---|---|
| 14 | 15 | 16 | 17 | 18 | 19 | 20 | 21 | 22 | 23 | 24 | 25 | 26 |

ㅊㅎHP → ㅇㅌFN → NFㅌㅇ

**47** ①

UKㄱㅊ → KUㅊㄱ → LVㅋㄴ


**48** ③

ㅁㅐㄷI → ㅂIㄹJ → IㅂJㄹ → GㄹHㄴ


**49** ④

★ 시작에 S추가 2F3G → S2F3G

● 1234 → 4321

□ 마지막 문자 제거 SDF3 → SDF

○ 시작 문자와 마지막 문자 교체 SEGD → DEGS

ㄷㄹ8C → Sㄷㄹ8C → Cㄷㄹ8S(○) → Cㄷㄹ8


**50** ⑤

23Tㅁ → 23Tㅁ(없음) → ㅁ3T2 → 2T3ㅁ

# 제4회 정답 및 해설

## ✎ 수리영역

**1** ⑤

기차의 길이를 $x$라고 할 때 속력 = 거리/시간 이므로

$$\frac{5,800+x}{2}=\frac{4,300+x}{1.5}$$

$$8,700+1.5x=8,600+2x$$

$$\therefore x=200m$$

**2**

마지막 남은 시간동안의 속력을 시속 $x$ km라 하면

이 사람이 달린 총거리는 $8\times\frac{1}{6}+15\times\frac{1}{12}+x\times\frac{1}{4}$

가 된다. 이는 30분 동안 평균 시속 20km로 달린 것
과 동일하므로

$8\times\frac{1}{6}+15\times\frac{1}{12}+x\times\frac{1}{4}=20\times\frac{1}{2}=10$이다.

따라서 방정식의 해를 구하면

$x=29.666\cdots\rightarrow29.7$이 된다.

이때 계산은 km와 시각로 했으므로 29.7km/h가 된다.

**3** ①

B의 농도는 $x$

A의 농도는 $(1+0.2)x=1.2x$

C의 농도는 $(2.4x-x)\times\frac{80}{100}=1.4x\times0.8=1.12x$

$x<1.12x<1.2x$이므로 B<C<A

**4** ④

처음 소금의 양이 40g, 농도가 5%이므로 소금물의 양

을 $x$라 하면 $\frac{40}{x}\times100=5\cdots x=800$이 된다.

여기에 첨가한 소금물 속 소금의 양을 $y$라 하면 최종
소금물의 농도가 7이므로

$\frac{40+y}{800+40}\times100=7\cdots y=18.8$이 된다.

따라서 추가한 소금물의 농도는 $\frac{18.8}{40}\times100=47\%$

가 된다.

**5** ②

가지고 있던 돈을 $x$라 하면

책을 산 돈 : $x\times\frac{25}{100}=0.25x$

학용품을 산 돈 : $x\times\frac{75}{100}\times\frac{40}{100}=0.3x$

학용품이 책보다 500원이 더 비싸므로

$0.25x+500=0.3x$

$0.05x=500 \quad \therefore \quad x=10,000$

**6** ①

판매가의 이익은 $150\times0.4=60$이고, 150개 판매했
으므로 $60\times150=9,000$(원)이다.

판매가에서 2할 할인가격은 $150(1+0.4)(1-0.2)=$
168(원)

원가와의 차익은 $168-150=18$(원)

나머지 판매에서 얻은 이익은 $18\times50=900$(원)

∴ 총 이익은 $9,000+900=9,900$(원)

**7** ③

A가 시간당 하는 일의 양은 $\frac{1}{3}$

B가 시간당 하는 일의 양은 $\frac{1}{6}$

$\left(\frac{1}{3}+\frac{1}{6}\right)\times x=1$

$\frac{1}{2}\times x=1$

$\therefore \quad x=2$(시간)

**8** ②

$A$의 시간당 능력은 $\dfrac{100}{6}$, $B$의 시간당 능력은 $\dfrac{100}{9}$

100개를 제조하는데 걸린 시간을 $t$라고 하면

$\left(\dfrac{100}{6}\times 0.8 + \dfrac{100}{9}\times 0.8\right)\times t$

$\dfrac{600+400}{36}\times 0.8t = 100$에서 $t=4.5$

∴ 4시간 반


**9** ①

서로 다른 주사위 2개를 던졌으므로 나올 수 있는 경우의 수는 $6\times 6 = 36$이 된다.

이때 한 주사위의 수가 다른 주사위 수의 약수일 경우는 (1,1) (1,2) (1,3) (1,4) (1,5) (1,6) (2,1) (3,1) (4,1) (5,1) (6,1) (2,2) (2,4) (2,6) (4,2) (6,2) (3,3) (3,6) (6,3) (4,4) (5,5) (6,6)으로 총 22가지이다.

따라서 확률은 $\dfrac{22}{36}=\dfrac{11}{18}$이 된다.


**10** ②

$A=B+2$, $C=B-5$, $\dfrac{A+B+C}{3}=21$

$\dfrac{(B+2)+B+(B-5)}{3}=\dfrac{3B-3}{3}=B-1=21$

$B=22$, $A=B+2=24$, $C=B-5=17$

∴ $C$는 17살이다.


**11** ⑤

㉠ 2015년에 신문을 본다고 응답한 인구 중에서 일반 신문과 인터넷 신문을 모두 본다고 응답한 비율은 최대 67.8%이다.

㉡ 2015년과 2017년의 조사 대상자 수를 알 수 없기 때문에 신문을 본다고 응답한 인구수의 크기를 비교할 수 없다.

㉢ 2017년 인터넷 신문을 본다고 응답한 인구수는 남자의 경우 79.5% 중 80.6%이고, 여자의 경우는 65.8% 중 82.5%이므로 남자가 여자보다 많다.

㉣ 2015년과 2017년에 각각 신문을 본다고 응답한 인구 중에서 일반 신문을 보는 비율과 인터넷 신문을 보는 비율을 나타낸 것이므로 비율이 높으면 인구수도 많다. 따라서 2015년과 2017년 모두 일반 신문보다 인터넷 신문을 본다고 응답한 인구수가 더 많다.


**12** ②

우리나라와 미국 모두 음식·숙박업의 종사자당 부가 가치 생산액이 가장 적고, 금융·보험업의 종사자당 부가 가치 생산액이 가장 많다.

② 업종별 종사자 수 비중 격차는 보건·사회 서비스업이 가장 크다.


**13** ⑤

① 사망자수와 출생아수는 각각 1997년에 감소·증가하고 나머지는 증가·감소하고 있다.

② 출생아수의 변화율이 가장 큰 것은 2017년으로 전년대비 27.38% 감소하였다.

③ 사망자수와 출생아수가 동일한 해는 2017년과 2027년 사이로 그래프를 통해 정확히 알 수 있는 것은 아니다.

④ 1997년의 출생아수 : 사망자수=3.3 : 1이며 2057의 출생아수 : 사망자수=1 : 3.6이다.


**14** ②

이웃을 신뢰하는 사람의 비중은 20대(36.5%)가 10대(38.5%)보다 낮으며, 20대 이후에는 연령이 높아질수록 신뢰도가 비례하여 높아졌다. 이러한 추이는 연령별 평점의 증감 추이와도 일치하고 있음을 알 수 있다.


**15** ⑤

⑤ A기관 : $53\div 28=$약 1.9대, B기관: $127\div 53=$약 2.4대, C기관: $135\div 50=2.7$대이므로 C도시철도운영기관이 가장 많다.

① 휠체어리프트는 C도시철도운영기관이 가장 많다.

② $(53+127+135)\div 3=105$이므로 100개보다 많다.

③ A기관 : $895\div 240=$약 3.7대, B기관: $1,329\div 349=$약 3.8대, C기관: $855\div 237=$약 3.6대이다.

④ $265\div 95=$약 2.8대　$455\div 92=$약 4.9대
$135\div 50=2.7$대이므로 에스컬레이터가 가장 많다.

**16** ①
　① 부서별 항목별 예산 내역이 10,000,000(만 원) 이상인 부서는 A, F이다.
　② 부서별 기본 경비의 총 합은 1,289,350(만 원)이다.
　③ 사업비가 7,000,000(만 원)이하인 부서는 C, E이다.
　④ 인건비가 가장 높은 부서는 F[(4,237,532(만 원)]이고, 기본 경비도 865,957(만 원)으로 가장 높다.
　⑤ 모든 부서의 3가지 예산 항목 중 사업비 비중은 가장 높다.

**17** ③

　　S연구소의 부서별 직종별 인원은 정원 220명, 현원 216명이다. 직종별 현원 중 가장 비중이 높은 직종은 (일반직)으로 총 149명을 기록했다. 두 번째로 비중이 높은 직종은 기능직으로 40명을 기록했고, 세 번째로 비중이 높은 직종은 계약직으로 21명을 기록했다. 네 번째로 비중이 높은 직종은 별정직으로 (4)명을 기록했으며, 가장 비중이 낮은 직종은 개방형으로 2명을 기록했다.

**18** ①
　② 2015년의 장기 금연계획률은 57.4−18.2=39.2로 전년과 동일하다.
　③ 2017의 금연계획률은 20.2+36.1=56.3이다.
　④ 2018년과 2019년의 흡연율은 전년에 비해 감소하였다.
　⑤ 2013년, 2016년, 2017년만 7배 이상이다.

**19** ⑤
　A회사가 R제품, B회사가 Y제품을 판매하였을 때가 11−3=8억 원으로 수익의 합이 가장 크게 된다.

**20** ③
3분기에는 B회사의 수익이 분기별 증감 분포표에 따라 바뀌게 되므로 다음과 같은 수익체계표가 작성될 수 있다.

| | | B회사 | | |
|---|---|---|---|---|
| | | X제품 | Y제품 | Z제품 |
| A회사 | P 제품 | (4, −2.4) | (5, −1.3) | (−2, 7.5) |
| | Q 제품 | (−1, −1.6) | (3, 2.8) | (−1, 10.5) |
| | R 제품 | (−3, 6) | (11, −3.9) | (8, −1) |

따라서 Q제품과 X제품을 판매할 때의 수익의 합이 −1−1.6=−2.6억 원으로 가장 적은 것을 알 수 있다.
　① R제품, Y제품 조합에서 Q제품, Z제품의 조합으로 바뀌게 된다.
　② X제품은 R제품과 함께 판매하였을 때의 수익이 6억 원으로 가장 크게 된다.
　④ 3분기의 수익액 합이 가장 큰 제품은 Z(7.5 + 10.5 − 1 = 17)제품이다.
　⑤ B회사가 Y제품을 판매할 때의 양사의 수익액 합의 총합은 5−1.3+3+2.8+11−3.9=16.6억 원이며, Z제품을 판매할 때의 양사의 수익액 합의 총합은 22억 원이며, X제품을 판매할 때의 양사의 수익액 합의 총합은 2억 원이 된다.

**21** ⑤

①②③④상하관계

**22** ④

④반의관계

①②③⑤유의관계

**23** ②

② 유의관계

①③④⑤ 반의관계

**24** ①

① 바람이 없는 날 가늘고 성기게 조용히 내리는 비

② 비가 겨우 먼지나 날리지 않을 정도로 조금 옴

③ 볕이 나 있는 날 잠깐 오다가 그치는 비

④ 여름에 일을 쉬고 낮잠을 잘 수 있게 하는 비라는 뜻으로, 여름비를 이르는 말

⑤ 비가 내리기 시작할 때 성기게 떨어지는 빗방울

**25** ②

**개호주** … 범의 새끼

※ **노가리** … 명태의 새끼

**26** ③

이슬은 문학작품 등에서 눈물을 비유적으로 이를 때 쓰인다.

③ 용은 봉황, 기린 등과 함께 임금을 상징하는 동물 중 하나이다.

**27** ③

① 오렌지, 귤 : 네 번째 조건에 따라 귤을 사려면 사과와 오렌지도 반드시 사야 한다.

② 배, 딸기 : 두 번째 조건에 따라 배와 딸기 중에서는 한 가지밖에 살 수 없으며, 세 번째 조건에 따라 딸기와 오렌지를 사려면 둘 다 사야 한다.

④ 사과, 딸기, 귤 : 세 번째 조건에 따라 딸기와 오렌지를 사려면 둘 다 사야 하며, 네 번째 조건에 따라 귤을 사려면 사과와 오렌지도 반드시 사야 한다.

⑤ 사과, 배, 귤 : 네 번째 조건에 따라 귤을 사려면 사과와 오렌지도 반드시 사야 한다.

**28** ③

③ 첫 번째 사실의 대우이므로 반드시 참이다.

**29** ③

잘하는 순서

㉠ 수영 : B > C > D

㉡ 달리기 : D > A > B

**30** ⑤

건물의 위치 : 도서관 - 집 - 병원 - 학교

① 위치만 알뿐 정확한 거리는 알 수 없다. 따라서 전제조건에 따라 항상 옳은 것은 ⑤가 된다. 건물의 위치 상 양 끝에 있는 건물 사이의 거리가 가장 멀기 때문이다.

**31** ②

생각이 깊은 사람은 자유를 누릴 수 있다. → 자유를 누릴 수 있는 사람은 명예에 집착하지 않는다. → 명예에 집착하지 않는 사람은 자연과 함께 호흡할 수 있다.

**32** ⑤

㉠ 갑과 을이 함께 당첨이 될 경우 갑이 최대로 받기 위해서는 3장의 응모용지에 모두 같은 수를 써서 당첨이 되어야 하고, 을은 1장만 당첨이 되어야 한다. 갑은 총 4장의 응모용지 중 3장이 당첨된 것이므로 $\frac{3}{4} \times 100 = 75$개, 을은 25개를 받는다. 갑은 최대 75개의 사과를 받는다.

㉡ ㉠과 같은 맥락으로 갑이 최소로 받게 되는 사과의 개수는 25개가 된다.

㉢ 갑이 1장만으로 당첨이 되었을 경우 받을 수 있는 사과의 개수는 $\frac{100}{1} = 100$개

갑이 3장을 써서 모두 같은 수로 당첨이 되었을 경우 받을 수 있는 사과의 개수는 $\frac{100}{3} \times 3 = 100$개 모두 같은 개수의 사과를 받는다.

**33** ③

③ 많은 연습(p), 골(q), 좋은 축구선수(r), 팬의 즐거움(s)라고 할 때, 주어진 전제는 'p→q', '~s→~r(= r→s)'이다. 따라서 'p→s'가 반드시 참이 되기 위해서는 'q→r(또는 ~r→~q)'가 필요하므로 '골을 넣는 선수는 좋은 축구선수이다.'가 있으면 결론이 반드시 참이 된다.

**34** ②

모든 사과(a), 유기농(b), 가격이 비싼 것(c), 화학비료(d)라고 할 때, 주어진 전제는 'a→b', '~c→d(= ~d→c)'이다. 따라서 'b→c'가 되기 위해선 'b→~d(=d→~b)'가 필요하므로 '유기농은 화학비료를 사용하지 않은 것이다.' 또는 '화학비료를 사용한 것은 유기농이 아니다.'가 있으면 결론이 반드시 참이 된다.

**35** ②

주어진 조건을 통해 5명이 사는 층을 유추하면 다음과 같다.

| 5층 | 영희 |
|---|---|
| 4층 | 철수 |
| 3층 | 민수(또는 진하) |
| 2층 | 유리 |
| 1층 | 진하(또는 민수) |

**36** ③

③ H가 두 번째 칸에 탄다면 D 앞에는 B와 C가 나란히 탈 자리가 없으므로 B와 C는 D보다 뒤에 타게 된다.

① F가 D보다 앞에 탄다면 D 앞에 F와 H가 타게 되어 B와 C가 나란히 탈 자리가 없으므로 B와 C는 D보다 뒤에 타게 된다.

② G가 D보다 뒤에 탄다는 사실을 알더라도 B와 C가 어디에 타는지 알 수 없다.

④ B가 D의 바로 뒤 칸에 탄다면 E는 일곱 번째 칸 또는 마지막 칸에 타게 된다.

⑤ C가 두 번째 칸에 탄다면 H는 첫 번째 칸 또는 세 번째 칸에 타게 된다.

**37** ①

② 오리를 구경하면 기린을 구경할 수 없다.

③ 호랑이를 구경할 경우에만 사자를 구경할 수 있다.

④ 호랑이를 구경하면 오리를 구경할 수 없다.

⑤ 학을 구경하면 사자를 반드시 구경한다.

**38** ②

| 아프리카의 한 나라 | 미국 | 일본 | 중국 | 프랑스/영국 | 프랑스/영국 |
|---|---|---|---|---|---|

**39** ③

주어진 조건을 통해 위치가 가까운 순으로 나열하면 영화관-카페-놀이동산이며 A, B, C각 자가용, 지하철, 버스를 이용하여 간 곳은 영화관(B, 자가용)-카페(A, 버스)-놀이동산(C, 지하철)이 된다.

**40** ⑤

주어진 〈진술〉들을 표로 정리하면 다음과 같다.

|  | 빌라 | ~빌라 |
|---|---|---|
| 북구 | 오른손 | ~의심 |
| 남구 | 오른손, 의심 | 가난 |

'보통'이는 왼손잡이라고 했으므로 진술 ㉡의 대우에 의해 '보통'이는 빌라에 살고 있지 않음을 알 수 있다. 따라서 반드시 참인 것은 ⑤이다.
①②④ 참인지 거짓인지 판단할 수 없다.
③ 거짓이다.

**41** ①

조건들로 다섯 명이 가위, 바위, 보 중 낸 모양을 유추하면 총 3가지의 경우가 나오며 이는 다음과 같다. 따라서 D가 주먹을 냈다면 E는 가위를 낸 것이므로 주먹과 보를 내지 않는다.

| 경우의 수 | A | B | C | D | E |
|---|---|---|---|---|---|
| 1 | 가위 | 보 | 가위 | 보 | 주먹 |
| 2 | 주먹 | 가위 | 주먹 | 가위 | 보 |
| 3 | 보 | 주먹 | 보 | 주먹 | 가위 |

**42** ③

주어진 조건으로 두 가지 경우가 존재한다. 미경이의 앞의 말이 진실이고 뒤의 말이 거짓인 경우와 그 반대의 경우를 표로 나타내면 다음과 같다.

|  | 나 | 타인 | 케이크 |
|---|---|---|---|
| 미경 | 참 | 거짓 | 먹음 |
| 진희 | 거짓 | 참 | 먹음 |
| 소라 | 참 | 거짓 | 안 먹음 |

|  | 나 | 타인 | 케이크 |
|---|---|---|---|
| 미경 | 거짓 | 참 | 안 먹음 |
| 진희 | 참 | 거짓 | 안 먹음 |
| 소라 | 거짓 | 참 | 먹음 |

**43** ③

주어진 내용에 따라 표로 정리하면

|  | 커피 | 홍차 | 코코아 | 우유 |
|---|---|---|---|---|
| A | × | × | × | ○ |
| B | × | × | ○ | × |
| C | ○ | × | × | × |
| D | × | ○ | × | × |

**44** ①

시침은 2칸씩, 분침은 4칸씩 이동하고 있다.

**45** ④

색칠된 부분의 위치가 한 칸, 두 칸, 세 칸, 네 칸씩 건너뛰면서 이동하고 있다. 네 칸을 건너뛰고 난 뒤에는 다시 한 칸, 두 칸, 세 칸, 네 칸씩 건너뛰는 것이 반복된다.

**46** ⑤

♡ ABCD → A+1, B+2, C+3, D+4
△ ABCD → ACBD
○ ABCD → A+2, B+0, C+1, D+0

| A | B | C | D | E | F | G | H | I | J | K | L | M | N | O | P | Q | R | S | T | U | V | W | X | Y | Z |
|---|---|---|---|---|---|---|---|---|---|---|---|---|---|---|---|---|---|---|---|---|---|---|---|---|---|
| 1 | 2 | 3 | 4 | 5 | 6 | 7 | 8 | 9 | 10 | 11 | 12 | 13 | 14 | 15 | 16 | 17 | 18 | 19 | 20 | 21 | 22 | 23 | 24 | 25 | 26 |

NINE → OKQI → OQKI

**47** ③

PONY → ROOY → TOPY

**48** ③

| ㄱ | ㄴ | ㄷ | ㄹ | ㅁ | ㅂ | ㅅ | ㅇ | ㅈ | ㅊ | ㅋ | ㅌ | ㅍ | ㅎ |
|---|---|---|---|---|---|---|---|---|---|---|---|---|---|
| 1 | 2 | 3 | 4 | 5 | 6 | 7 | 8 | 9 | 10 | 11 | 12 | 13 | 14 |

ㄹㅎㅈㄱ → ㄹㅈㅎㄱ → ㅁㅋㄷㅁ

**49** ②

□ ABCD → +1 +1 +1 +1

○ ABCD → BADC

△ ABCD → +0 −2 +0 −2

♡ ABCD → DCBA

B2Eㅅ → 2BㅅE(○) → EㅅB2

**50** ④

MK14 → NL25 → NJ23

# 제5회 정답 및 해설

✏️ 수리영역

**1** ①

거리 = 속력 × 시간

$\frac{1}{5} \times 8 = \frac{16}{10} = 1.6$

12분간 1.6km를 달렸고, 48분 이내에 8.4km를 달려야 하므로

평균 속력을 $a$라 하면,

$a \times \frac{48}{60} = \frac{84}{10}$

$a = \frac{84}{8} = \frac{21}{2} = \frac{105}{10} = 10.5\,(\text{km})$

**2** ③

$300g \times 0.05 = 15g$ 즉, 300g의 설탕물 안에 15g의 설탕이 녹아 있다는 말이 되므로 10%의 설탕물이 되기 위해서는 $\frac{15}{300-x} = 0.1$이 되어야 한다. 각 항에 $(300-x)$ 곱하면 $15 = 30 - 0.1x$, $15 = 0.1x$ 이므로 $x = 150\,(g)$이 된다.

**3** ④

농도가 40%인 소금물(200g)의 소금의 양

: $200 \times \frac{40}{100} = 80$

농도가 10%인 소금물($x$g)의 소금의 양

: $x \times \frac{10}{100} = 0.1x$

두 혼합물의 농도는 처음(40%)의 1.125배 이므로

$40 \times 1.125 = 45\%$이며 이는 $\frac{80 + 0.1x}{200 + x - x} \times 100 = 45$가 된다. 따라서 방정식의 해는 $x = 100$가 된다. 따라서 100g의 소금물 속 소금의 양은 $100 \times 0.1 = 10$이 된다.

**4** ②

저녁식사비를 $A$라 할 때 각자 낸 금액은

㉠ 민수 : $\frac{3}{5}A$

㉡ 영민 : $\left(A - \frac{3}{5}A\right) \times \frac{1}{7}$

㉢ 은희 : $A - \left\{\frac{3}{5}A + \left(A - \frac{3}{5}A\right) \times \frac{1}{7}\right\}$

은희가 낸 금액은 3,600원이므로

$\frac{12}{35}A = 3,600,\ A = 10,500\,(\text{원})$

**5** ③

정가(500원에서 20%의 이익을 더한 값): $500 \times 1.2 = 600$

총 200개를 판매하였으므로 총 판매액은 $600 \times 200 = 120,000$원이 된다.

총매출이 동일한 이번 달에는 300개를 판매하였으므로 물건 1개당 가격은 $120,000 \div 300 = 400$이 된다. 따라서 지난달에 비해 $600 - 400 = 200$원만큼 절감하여 판매하였으므로 $\frac{200}{600} \times 100 = 33.33 \cdots = 33.3\%$가 할인된 가격이다.

**6** ①

사과를 $x$개 산다고 할 때, 배는 $(8-x)$개 살 수 있으므로

$4,200 \leq 500x + 900(8-x) \leq 6,000$

$-3,000 \leq -400x \leq -1,200$

$3 \leq x \leq 7.5$

$x$의 최솟값이 3일 때, 배는 최대 5개 구입할 수 있다.

**7** ④

한 변의 길이를 $x$라고 하면
$(1-0.2)x = 0.8x$, $(1-0.5)x = 0.5x$, $(1-0.8)x = 0.2x$의 길이를 갖는다. 부피는 가로 × 세로 × 높이이므로 $0.8x \times 0.5x \times 0.2x = 0.08x^3$이다. 원래의 $x^3$인 부피에서 0.92가 줄어들었다. 즉, 92%가 감소하였다.

**8** ②

$A$호스가 1시간 동안 채우는 물의 양 : $\dfrac{1}{8}$

$B$호스가 1시간 동안 채우는 물의 양 : $\dfrac{1}{12}$

걸린 시간을 $x$라 하면
$(x-3) \times \left(\dfrac{1}{8} + \dfrac{1}{12}\right) + \dfrac{3}{8} = 1$

$\dfrac{5x-6}{24} = 1$
$5x = 30$
$\therefore x = 6$

**9** ④

어떤 일을 1이라고 하면 1시간 동안 다정이는 $\dfrac{1}{8}$을, 철수는 $\dfrac{1}{5}$을 할 수 있다.

둘이 함께 작업한 시간을 $x$라고 하면 둘이 총 일한 양은 $\dfrac{1}{8} \times 1 + \dfrac{1}{5} \times 2 + \left(\dfrac{1}{8} + \dfrac{1}{5}\right) \times x = 1$이 된다.
따라서 방정식의 해를 구하면

$x = \dfrac{19}{13} = 1.461 \cdots = 1.5$ 시간을 함께 일했다.

**10** ①

경수의 나이를 $x$, 경진이의 나이를 $y$라고 하면,
$x = y + 2$, $x^2 = 3y^2 - 2$가 된다.
첫 번째 식을 두 번째 식에 대입하여 풀면
$y^2 + 4y + 4 = 3y^2 - 2$,
$2y^2 - 4y - 6 = (2y+2)(y-3) = 0$
이므로 $x = 5$, $y = 3$
경진이의 나이가 3살, 경수의 나이는 5살이다.

**11** ②

② 2013년 대비 2014년 1분위의 월평균 교육비는 증가하였으나 월평균 소비 지출액에서 교육비가 차지하는 비율(7.8%)은 변하지 않았다. 이는 1분위의 월평균 소비 지출액이 증가했기 때문이다.
⑤ 2016년 대비 2017년 1분위의 월평균 교육비가 증가했음에도 불구하고 월평균 소비 지출액 대비 교육비 비율이 낮아진 것은 월평균 교육비 증가율보다 월평균 소비 지출액 증가율이 크기 때문이다.

**12** ⑤

㉠ A고등학교 700명 중 20%가 지원하고 그 중 30%가 합격 : $700 \times 0.2 \times 0.3 = 42$
C고등학교 300명 중 40%가 지원하고 그 중 15%가 합격 : $300 \times 0.4 \times 0.15 = 18$
㉡ B고등학교 500명 중 50%가 지원하고 그 중 10%가 합격 : $500 \times 0.5 \times 0.1 = 25$
C고등학교 300명 중 20%가 지원하고 그 중 35%가 합격 : $300 \times 0.2 \times 0.35 = 21$
㉢ 국문학과 : $400 \times 0.05 \times 0.3 = 6$
경제학과 : $400 \times 0.25 \times 0.25 = 25$
법학과 : $400 \times 0.8 \times 0.2 = 64$
기타 : $400 \times 0.3 \times 0.25 = 30$

**13** ②

한 주의 시작은 월요일, B부품을 구매하는 날은 일요일이므로 1주차에는 A제품을 만들지 못한다. 주문량도 0, 재고도 0이 된다.
2주차에는 A제품을 250개 만들어 200개 판매하였으므로 재고는 50개가 남는다.
3주차에는 50개의 재고와 A제품을 450개 만들어 450개 판매하였으므로 재고는 50개가 남는다.

**14** ④

| 구분 | 문화재 | 문화산업 | 관광 | 문예진흥 | 합계 |
|---|---|---|---|---|---|
| 2014년 | 1,346(27.8%) | 160(3.3%) | 292(6.0%) | 3,050(62.9%) | 4,848 |
| 2015년 | 1,620(24.4%) | 1,001(15.1%) | 789(11.8%) | 3,237(48.7%) | 6,647 |
| 2016년 | 2,558(26.5%) | 1,787(18.5%) | 1,057(11.0%) | 4,237(44.0%) | 9,639 |
| 2017년 | 2,725(26.0%) | 1,475(14.1%) | 1,912(18.3%) | 4,346(41.6%) | 10,458 |
| 2018년 | 2,994(24.6%) | 1,958(16.1%) | 2,189(18.1%) | 5,014(41.2%) | 12,155 |
| 2019년 | 3,383(25.7%) | 1,890(14.3%) | 2,474(18.8%) | 5,435(41.2%) | 13,182 |

① 2015년, 2016년에는 관광이 최저 비중을 차지했다.

② 예산증가율이 가장 높은 분야는 문화산업이다.

문화산업 : $\dfrac{1,890-160}{160}=10.81$

관광 : $\dfrac{2,474-292}{292}=7.47$

③ 2014년부터 문화예산은 점점 증가하였다.

⑤ 2019년에 문화재 예산이 차지한 비율은 2014년에 비해 감소하였다.

**15** ⑤

2017년 강도와 살인의 발생건수 합은

$5,753+132=5,885$건으로 4대 범죄 발생건수의

$26.4\%\left(\dfrac{5,885}{22,310}\times100=26.37\right)$를 차지하고 검거건수

의 합은 $5,481+122=5,603$건으로 4대 범죄 검거

건수의 $28.3\%\left(\dfrac{5,603}{19,771}\times100=28.3\right)$를 차지한다.

① 2014년 인구 10만 명당 발생건수는

$\dfrac{18,258}{49,346}\times100=36.99≒37$이므로 매년 증가한다.

② 발생건수와 검거건수가 가장 적게 증가한 연도는 2016년으로 동일하다. 발생건수 증가율은 2015년 6.8%, 2016년 0.9%, 2017년 13.4%, 검거건수 증가율은 2015년 1.73%, 2016년 1.38%, 2017년 18.9%이다.

③ 2017년 발생건수 대비 검거건수 비율이 가장 낮은 범죄 유형의 발생건수는 강도 95%, 살인 92%, 정도 85%, 방화 99%에서 절도이다. 2017년 4대 범죄 유형별 발생건수 총 22,310건이고 60%는 13,386건이 된다. 절도의 발생건수는 14,778건이므로 60%가 넘는다.

④ 2013년 92.3%, 2014년 88.3%, 2015년 84.1%, 2016년 84.5%, 2017년 88.6%로 매년 80% 이상이다.

**16** ⑤

㉠ 12월은 11월에 비해 온실가스 발생량이 감소했다.

12月−3,542.3, 11月−3,547.2, 10月−3,535.7, 9月−3,530, 8月−3,502.7

㉡ 12月− $418.4/3,542.3\times100=11.811\cdots$, 11月−$417.7/3,547.2\times100=11.775\cdots$

10月−$414.2/3,535.7\times100=11.714\cdots$, 9月−$408.9/3,530\times100=11.583\cdots$

8月−$407.0/3,502.7\times100=11.619\cdots$

**17** ①

① 시설기준 미달 비율은 점유 형태가 무상인 경우보다 전세가 더 낮음을 알 수 있다.

② 각각 60.8%, 28.0%, 11.2%이다.

③ 15.5%와 9.1%로 가장 낮은 비율을 보이고 있다.

④ 33.4%로 45.6%보다 더 낮다.

⑤ 시설기준만 21.8%로 37.3%보다 낮고 나머지 세 개 분야에서는 모두 더 높다.

**18** ③

모두 100%의 가구를 비교 대상으로 하고 있으므로 백분율을 직접 비교할 수 있다.

광역시 시설 기준 미달 가구의 비율 대비 수도권 시설 기준 미달 가구의 비율 배수는 37.9÷22.9=1.66배가 된다.

저소득층 침실 기준 미달 가구의 비율 대비 중소득층 침실 기준 미달 가구의 비율 배수는 같은 방식으로 45.6÷33.4=1.37배가 된다.

**19** ①

㉠ 남편과 아내가 한국 사람인 경우에 해당하는 수치가 되므로 신혼부부의 수가 감소하였음을 알 수 있다. (O)

㉡ (88,929−94,962)÷94,962×100=약 −6.35%가 되어 증감률은 마이너스(−) 즉, 감소한 것이 된다. (X)

㉢ 5.0→6.9(남편), 32.3→32.6(아내)로 구성비가 변동된 베트남과 기타 국가만이 증가하였다. (O)

㉣ 남편의 경우 2015년이 61.1%, 2016년이 60.2%이며, 아내의 경우 2015년이 71.4%, 2016년이 71.0%로 남녀 모두 두 시기에 50% 이상씩의 비중을 차지한다. (O)

**20** ①

$100-16.6-10.5-12.8-15.1=45$

전라도의 음주운전 교통사고비율을 $x$라 하면 서울시의 비율은 $x+7$이 되므로

$2x+7=45\to x=19$가 된다.

따라서 2017년에 전라도에서 교통사고를 당한 사람의 수는 $400\times\dfrac{19}{100}=76$이 된다.

**21** ①
① 포함관계 : 왼쪽 단어 ⊃ 오른쪽 단어
②③④⑤ 포함관계 : 왼쪽 단어 ⊂ 오른쪽 단어

**22** ⑤
①②③④의 경우 남한말 – 북한말의 관계이며 정구지는 부추의 방언(경상, 전북, 충청)이다.

**23** ③
①②④⑤ 시간순서에 따른 배열이다.
③ 시각적 순서에 따른 배열이다.

**24** ②
탁구를 하기 위해 필요한 도구는 공이고 요리를 하기 위해 필요한 도구는 주걱이다.

**25** ①
풍만과 윤택은 '풍족하여 그득하다'의 의미를 가진 단어로 유의어 관계에 있다. 따라서 괄호 안에 단절과 유의어 관계에 있는 불통이 가장 적절하다.

**26** ②
악어와 악어새, 개미와 진딧물은 공생관계이다.

**27** ②
② 벚꽃이 피면 축제가 열리고, 축제가 열리면 소비가 활성화 되고, 지역경제가 살아난다. 따라서 벚꽃이 피면 지역경제가 살아난다.

**28** ③
인기도 순서 … A그룹 > V그룹 > S그룹 > K그룹

**29** ④
성적 순서 … 세이 > 영희 > 철수 > 하진 > 형수

**30** ①
甲과 丙의 진술로 볼 때, C = 삼각형이라면 D = 오각형이고, C = 원이라면 D = 사각형이다. C = 삼각형이라면 戊의 진술에서 A = 육각형이고, 丁의 진술에서 E ≠ 사각형이므로 乙의 진술에서 B = 오각형이 되어 D = 오각형과 모순된다. 따라서 C = 원이다. C = 원이라면 D = 사각형이므로, 丁의 진술에서 A = 육각형, 乙의 진술에서 B = 오각형이 되고 E = 삼각형이다. 즉, A = 육각형, B = 오각형, C = 원, D = 사각형, E = 삼각형이다.

**31** ②
• C는 A에게 이겼으므로 A는 붉은 구슬 2개가 된다.
• C는 B와 비겼으므로 구슬이 없고, B는 흰 구슬 1개가 된다.
• B는 A에게 졌으므로 A는 붉은 구슬 1개가 된다.

**32** ⑤
⑤ A가 C보다 빨리 들어왔으므로 B가 A보다 빨리 들어왔다는 전제 또는 A가 B보다 빨리 들어오지 못했다는 전제가 있으면 B가 가장 빨리 들어왔다는 결론이 참이 된다.

**33** ③
③ 미진이가 어제 노란색 옷을 입었다면 오늘은 파란색 옷을 입었을 것이고 오늘 파란색 옷을 입었다면 내일은 빨간색 옷을 입을 것이다.

**34** ⑤
⑤ 전제가 참이면 대우가 반드시 참이다. 전제2의 대우는 '잠꾸러기가 아닌 사람은 미인이 아니다.'로 '갑순이는 잠꾸러기가 아니다.'라는 전제가 있으면 결론은 참이 된다.

**35** ④

총 30회의 가위바위보 게임에서 모두 이길 경우 얻을 수 있는 점수는 150점이다.

- 甲, 乙 : 29회를 이길 경우 145점을 얻는데, 30번째에서 비길 경우 146점을, 질 경우 144점을 얻을 수 있다. → 甲, 乙 거짓
- 丙, 丁, 戊 : 28회를 이길 경우 140점을 얻는데, 29~30번째 모두 비길 경우 142점, 1번 비기고 1번 질 경우 140점, 2번 모두 질 경우 138점을 얻을 수 있다. → 丙, 戊 거짓, 丁 참

**36** ②

- 36개의 로봇을 6개씩 6팀으로 나눠 각 팀의 1위를 가린다. → 6경기
- 각 팀의 1위 로봇끼리 재경기를 해 1위를 가린다. → 1경기(가장 빠른 로봇이 가려짐)
- 가장 빠른 로봇이 나온 팀의 2위 로봇과 나머지 팀의 1위 로봇을 재경기해 1위를 가린다. → 1경기(두 번째로 빠른 로봇이 가려짐)

따라서 36개의 로봇 중 가장 빠른 로봇 1, 2위를 선발하기 위해서는 최소 8경기를 해야 한다.

**37** ①

- 목수는 이씨이고, 대장장이와 미장공은 김씨가 아니라는 조건에 의해 대장장이와 미장공은 박씨와 윤씨임을 알 수 있다. 그런데 마지막 조건에 따라 윤씨는 대장장이가 아니므로 대장장이는 박씨이고 미장공은 윤씨임을 알 수 있다. 따라서 2명의 김씨의 직업은 단청공과 벽돌공이다.
- 어인놈은 단청공이며, 상득은 김씨라는 조건에 따라 어인놈은 김씨이며 단청공이고, 상득은 김씨이며 벽돌공임을 알 수 있다.
- 어인놈이 단청공이고 상득이 벽돌공인 상황에서 2전 5푼의 일당을 받는 정월쇠는 대장장이이며 박씨이다.
- 좀쇠는 박씨도 이씨도 아니라는 조건에 의해 윤씨이며 직업은 미장공이다.
- 마지막으로 남은 작은놈이 이씨이며 목수이다.

이름을 기준으로 일당을 정리하면,

- 좀쇠(윤씨, 미장공) : 동원된 4일 중 3일을 일하고 1일을 쉬었으므로 3 × 4전 2푼 + 1전 = 13전 6푼을 받는다.

- 작은놈(이씨, 목수) : 동원된 3일을 일하였으므로 3 × 4전 2푼 = 12전 6푼을 받는다.
- 어인놈(김씨, 단청공) : 동원된 4일을 일하였으므로 4 × 2전 5푼 = 10전을 받는다.
- 상득(김씨, 벽돌공) : 동원된 4일을 일하였으므로 4 × 2전 5푼 = 10전을 받는다.
- 정월쇠(박씨, 대장장이) : 동원된 6일 중 5일을 일하고 1일을 쉬었으므로 5 × 2전 5푼 + 1전 = 13전 5푼을 받는다.

**38** ③

'E가 당직을 하면 A와 F도 당직을 하고, F가 당직을 하면 E는 당직을 하지 않는다'는 보기는 서로 모순된다. 따라서 E는 당직을 하지 않는다. C와 D 중 한 명이라도 당직을 하면 E도 당직을 하고, A가 당직을 하면 E도 당직을 하므로 A, C, D는 당직을 하지 않는다. 따라서 B와 F가 당직을 한다.

**39** ⑤

제시된 조건을 통해 추리할 수 있는 범위는 다음과 같다.

| 18살 | 16살 | 14살 | 12살 |
|---|---|---|---|
| 국어 학원 | ㉠ | ㉡ | 영어/수학 학원 |
| ㉢ | ㉣ | 울산 | 서울 |

①②③④는 제시된 조건을 통해 추리할 수 있는 범위 내에 있으므로 필요하지 않다.

⑤를 통해 ㉣은 부산, ㉠은 수학학원임을 알 수 있고 남은 ㉡은 과학학원, ㉢은 파주라는 것을 알 수 있다.

**40** ②

② 철수는 인기가 많지 않지만 착한 남자이므로, 두 번째 조건에 대입하면 똑똑하지 않은 사람이다. 철수는 인기가 많지 않고 착한 사람인데, 이를 세 번째 조건에 대입하면 철수는 멋진 남자일 수 없다. 따라서 반드시 거짓이다.

**41** ③

〈보기〉의 ㉠~㉣을 정리하면 a~d의 순서관계를 얻을 수 있다.

|   | C | D | A | B | E |
|---|---|---|---|---|---|
| a |   |   | -2 | +3 | +6 |
| b | 0 | -4 |   | -7 | -4 |
| c |   |   | -6 | -1 | +2 |
| d |   |   |   | -11 | -8 |

이 중 〈보기〉 ㉤을 충족하는 것은 c이고 다섯 사람의 나이가 모두 다르다는 조건을 충족하는 것은 a, c, d이다. 따라서 A~E의 연령으로 알맞은 것은 c이다. 여기서 나이가 두 번째로 많은 사람은 C이다.


**42** ①

① 갑이 총무과에 배치되면 을은 기획과에 배치되고, 정은 인력과에 배치되지 않으며, 무는 기획과에 배치된다. 무가 기획과에 배치되면 병은 총무과에 배치되지 않는다. 이것은 네 번째 조건과 양립하지 않으므로 갑은 총무과에 배치되지 않는다.


**43** ④

| 월 | 화 | 수 | 목 | 금 |
|---|---|---|---|---|
| 과장 | 차장 | 부장 | 사원 | 대리 |


**44** ④

도형은 하나씩 밖→안으로 들어가고 색칠되는 부분은 안→밖으로 나가고 있다.


**45** ①

① 첫 번째, 두 번째, 세 번째 열을 모두 합하면 '田' 모양이 된다.


**46** ①

㉠ ◒ : 각 자리마다 1을 더한다(A→B).

㉡ ◭ : 모든 문자열의 순서를 바꾼다(1234→4321).

㉢ ◖ : 맨 앞자리와 맨 끝자리의 문자의 순서를 바꾼다(1234→4231).

㉣ ◓ : 각 자리마다 2를 뺀다(C→A).

| A | B | C | D | E | F | G | H | I | J | K | L | M |
|---|---|---|---|---|---|---|---|---|---|---|---|---|
| 1 | 2 | 3 | 4 | 5 | 6 | 7 | 8 | 9 | 10 | 11 | 12 | 13 |
| N | O | P | Q | R | S | T | U | V | W | X | Y | Z |
| 14 | 15 | 16 | 17 | 18 | 19 | 20 | 21 | 22 | 23 | 24 | 25 | 26 |

① 5W8J→JW85→KX96→69XK의 과정을 거친다.


**47** ③

③ WHAT→XIBU→YJCV→VJCY의 과정을 거친다.


**48** ②

② YOUNG→GNUOY→YNUOG→WLSME의 과정을 거친다.


**49** ①

◨ : 한 자리씩 오른쪽으로 이동한다(WG2ㅅ→ㅅWG2).

◎ : 맨 앞자라리와 맨 끝자리를 제외한 중간 문자열의 순서를 바꾼다(12345→14325).

◧ : 각 자리마다 1을 뺀다(0→9, ㅁ→ㄹ).

◉ : 모든 문자열의 순서를 바꾼다(1234→4321).

MIC2→MCI2→2ICM


**50** ②

8Eㅎ9L→89ㅎEL(◎)→78ㄱDK→K78ㄱD